仕事“筋《きん》”トレーニング No.4

【図解】MBA的発想人

課長力 養成講座

斎藤 広達 Kotatsu Saito

Pan Rolling Library

はじめに

21の課長力診断テスト、あなたは一体いくつ正解できますか？

本書は、２００８年2月に文庫化した『ＭＢＡ的発想人』をもとに、各章に簡単な設問と選択肢を用意し、図表等を使いながらできるだけ分かりやすく解説をするスタイルにお化粧直ししてできあがった本です。文庫化するにあたっては、楽しみながら読めるよう、レイアウトなどにも工夫をこらしてみました。

「課長として必要な考え方を、クイズを解きながら身につけてしまおう」それが、この本のメイン・メッセージ（主題）。そうです、結論は先に伝えないと。これもまた本編で紹介している、ＭＢＡ的手法のひとつになっています。

これからご紹介する21の手法を、ビジネス・エッセイ的に書き綴っている『ＭＢＡ的発想人』は、さかのぼること２００２年の夏に出版されたのですが、もともとのタイトル案は『突き抜ける課長』でした。なぜ？　と不思議に思う読者の方もいらっしゃると思うので、早速この本のスタイルにあわせて、設問形式で理由を説明しましょう。

問題　MBAと課長がなぜ結びつくのか、次から正解を選んでください

(1)　企業派遣制度がある会社では、MBA取得が課長昇格試験の代わりになっていることが多く、必須資格になっているから
(2)　MBAのMは、マネジャー（管理職）のMだから
(3)　MBAは、マネジャー（管理職）に必要な、知識や考え方を教えるプログラムになっているから

なお、正解は「あとがき」で披露します。もちろんそこまで待たなくても、この本を読んでいる途中で、きっとみなさんには答えが分かってくるでしょう。そして、気軽にクイズに取り組みながら、明日からの仕事で使える技をひとつでも発見できたら、著者として嬉しく思います。

そういえば、この設問だけでは「突き抜ける」という点について説明不足でした。ここではその部分を先に解説しておきましょう。

英語で「Break through（ブレークスルー）」という表現があります。現状を打開、あるいは破壊し、新たな世界へ〝突き抜ける〟という意味です。もう少し下品な言い方をすると〝障害物をぶち壊して突き進む〟といったところでしょうか。外資系企業やコンサルティング会社では、よく耳にするカタカナ言葉のひとつ。わたしも好んで使います（笑）。

課長に昇格すると、これまでの仕事の進め方を破壊し、新たなスタイルを身につけることが必要になります。まさに、「ブレークする（少々おやじギャグ入ってますが……）」ことが求められるのです。

課長になったみなさん、あるいはこれから課長になる予備軍の方々に、ブレークスルーしてほしい。そう思って、当初は『突き抜ける課長』という、ちょっと泥臭い音感の仮タイトルをつけていたのです。

もちろん何の根拠もなく「突き抜けるぞ！」と言うのは簡単です。頑張るぞと気合を入れるのも、それほど難しいことではありません。しかし、具体的に「突き抜ける」ためには、一体何をしたらよいのか？　そのヒントを少しでもこの本で紹介できればと思っています。

すなわち、自分の思考習慣をぶち壊し、〝脳みそを最大限活用できる〟考えるテクニックを身につける。そして、仕事で結果を出すための体の動かし方を習得する。大げさに言えば、今までの平社員だった自分を卒業し、より付加価値が出せるビジネスパーソンへと進化するということなのです。

さあ、前フリはこれぐらいにしておきましょう。ここから先は、みなさんの出番です。21問の課長力診断テストは、簡単そうに見えて実はかなり手ごわいですよ。早速、最初の問題に取り組みながら、突き抜けるための第一歩を踏み出してみませんか？

２００８年４月

斎藤　広達

はじめに

第1章　MBA的思考術

第2章　MBA的課長術

Contens

第1章

MBA的思考術

普段から慣れ親しんでいる仕事。でもそれって、頭を使っている？

Case Study

いままでの努力と実績が認められて、はれて課長に昇進することができた。これからは、より実績を上げられるように、仕事を進めるスタイルを変えていこうと思っている。

変化の激しい現代のビジネス界。仕事での問題を解決する場合、どのような手法で答えを出したらよいだろうか？

a 過去の自分の業務経験をベースに、正解を導き出す

b これまでの成功体験にとらわれず、直感を重要視して答えを創造する

c 平社員だったとき以上に、じっくり考え、情報を咀嚼して答えを考える

■考えない課長はブレークスルーできない

平社員だったころは、与えられた作業をこなせばきちんと評価されたし、他の社員よりも短時間で作業が進められれば、〝デキるヤツ〟と評価された。課長になった今でもその癖が抜けず、ついつい作業に没頭してしまい、実はほとんど頭を使っていない。そんな流れを変えないといけないとは思いつつ……。

頭をしっかり使って考えるのは、かなり疲れる作業だ。まずは「何について考えないといけないか」を考える。そして次に、「どのように考えるか」について考える。それができてはじめて、実際に〝脳みそをフル回転させて考える〟ことが有効になるのだ。それには、しびれるほどの集中力が必要になる。ところが実際には、しびれるくらいに考えなくても仕事はそこそこ回ってしまう。

さあ、ここが課長としてブレークスルーできるかどうかの正念場だ。経験という武器をいつでも自由自在に使いこなすために、頭を使って考えられるようになるか。それとも、今のままで終わってしまうのか。

脳みその使い方をしっかり体得しよう！

考えることで刺激を受ける

■ＭＢＡで鍛えられる〝考える力〟

ＭＢＡの学生生活で鍛えられる、考えるトレーニング。何についても常に意見を求められ、相手を納得させなければならない。

日本での学生時代は大して考えることもせずに、詰め込み型の受験勉強に慣れ、社会人になってからも目の前の業務を考えることなくこなすだけ。幼いころから、自分の意見を言うことに慣れてきたクラスメートとは、ランチを共にするだけでも、ひと苦労だった。

しかし、常に考える生活を余儀なくされることで、自分の中に〝考える力〟が身についていくのが分かるのだ。ビジネスマンにとっても有益な、この能力を日々の時間のなかでぜひ身につけてほしい。

脳みその使い方

①頭を使うことを意識する

目の前の業務をこなしていても、実は頭が動いていないことも多い。しかし、変化の激しい時代、経験だけでは太刀打ちできないことは当たり前に起こる。

常日ごろから、考えることを意識して、世界標準の課長としての『考える力』を身につけよう。

②なぜ(why)、だからどうした(so what)を考える

何も考えずにがむしゃらに詰め込む能力は低下している。また、丸暗記しても使えない知識では意味がない。経験や知識だけでは問題解決がのぞめないときは、「なぜ」「だからどうした」と、ゼロから考えないと、答えは出ない。

③ゼロベースで「何が正しいか」を考える

身の回りの、ほとんどすべてのことについて、とにかく何でもかんでも「なぜ？」と「だからどうした？」を考える。

しつこいくらいに問答を繰り返すうちに、何が正しいのかがはっきりしてくるはずだ。

④自他を問わず「知識」「経験」を生かす

さらに自分だけでなく、人の「知識」や「経験」を活用できれば、より現実的な答えが出せるようになる。

経験や知識がない領域でも、考える作業がきちんとできるようになると、何とか答えにたどりつけるようになるのだ。

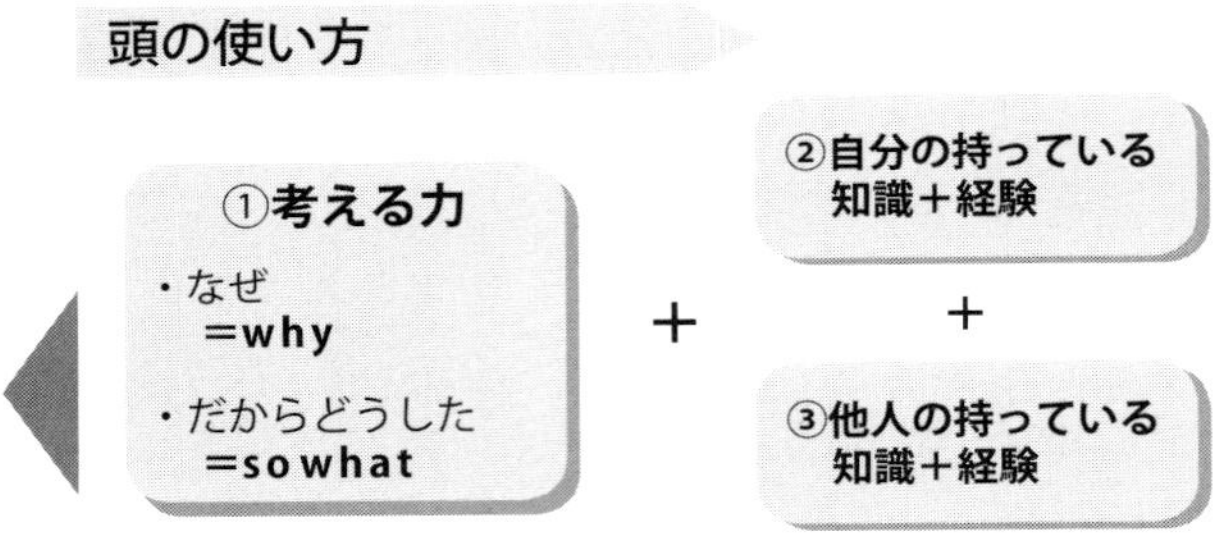

①②③の組み合わせで正しい答えが導き出せる

MBA的発想

■普段から頭を使うことで、光が射してくる

では実際に、頭を使って考えるとはどういったことなのだろうか。複雑な問題についてすべてを把握して高性能なPCのように答えを出すことだろうか。

いや、そんな小難しいことではない。具体的には、ものごとの「なぜ（why）」と「だからどうした（so what）」を考えること。しかも、身のまわりの、ほとんどすべてのことについて、とにかく何でもかんでも、「なぜ？」と「だからどうした」を考えることなのだ。

例えば戦略論のクラスであれば、「この会

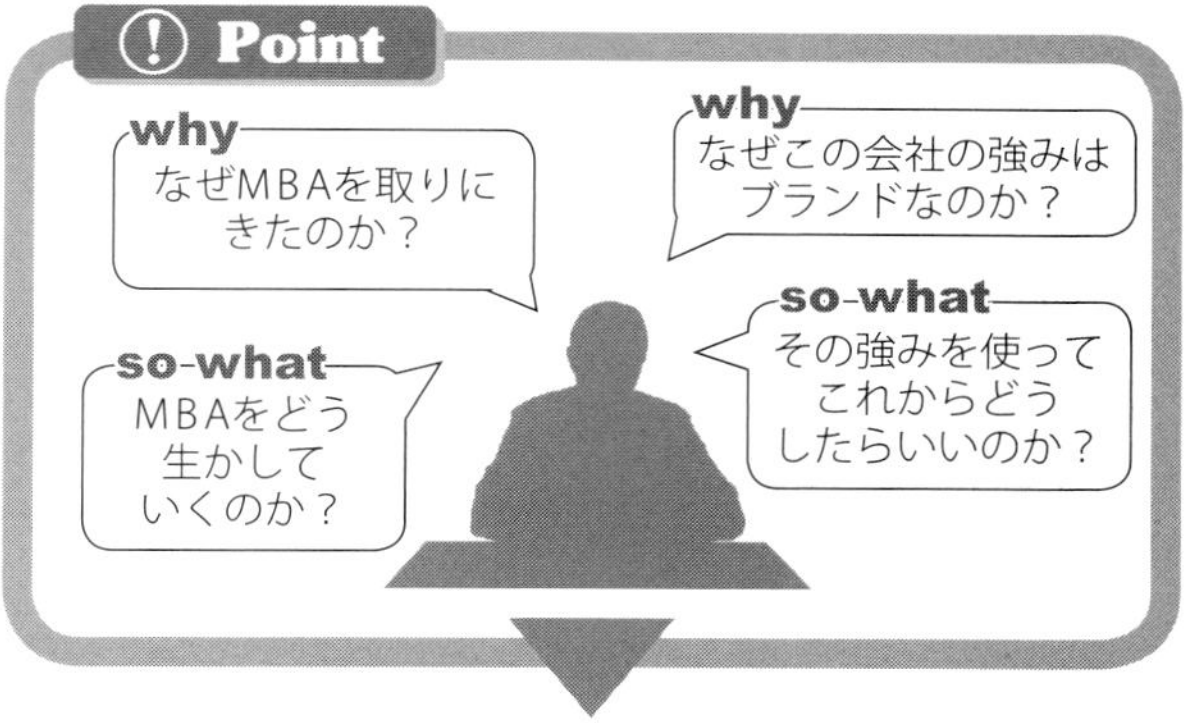

明確に答えられるように日ごろから『なぜ・だからどうした』で考える訓練をする

社の強みはブランドです」「どうしてそう言えるのか?」「で、その強いブランドを使ってこれからどうしたらいいのか?」「なぜ、ほかの戦略は無駄なのか?」といった議論が延々と繰り返される。

また、プライベートでクラスメートと話をすると「日本からＭＢＡを取りに来たんだよね」「どうして?」「で、君はＭＢＡを取ったあとどうするの?」「どうしてそうしたいの?」というような会話が続く。この手の会話の応酬は拷問に近い。

ところが、この「考える」という習慣は、不思議なことにだんだんと慣れるものらしい。いつのまにか、この思考形態に体が順応してくる。自分の意見を筋道を立ててロジカルにスパッと言えるようになるのだ。

頭を使って考える習慣はMBAに行かなくても身につけられる。普段の心がけ次第で頭の構造を変えることは可能だし、結果として世の中の見え方もかなり変わってくる。それまでぼんやりとしか見えなかった事象が、その裏側まではっきりと鮮明に見えるようになってくるのだ。

そして、仕事をするときにも効果は絶大。経験や知識がない領域でも、考える作業がきちんとできるようになると、何とか答えにたどり着くことができるようになる。もちろん、知識や経験がある分野ではそれらを応用してすごい企画を生み出すことだって可能になるのだ。

充実した仕事・プライベートを送るために、日ごろから頭のトレーニングに励もう。

Case Studyの解答

a △　過去の自分の業務経験をベースに、正解を導き出す

b ×　これまでの成功体験にとらわれず、直感を重要視して答えを創造する

c △　平社員だったとき以上に、じっくり考え、情報を咀嚼して答えを考える

a 置かれている状況や企業を取り巻く環境が違う場合、過去の成功体験がまったく使えない場合も多い。ルーティン業務なら大丈夫かもしれないが、はじめて直面する問題では、間違った答えを出してしまう可能性が高い。
b 過去の成功体験にとらわれない姿勢はよいが、直感で最善の答えが出せるほど、ビジネスの世界は甘くない。考える手法を身につけることが先決。
c 直感で結論を出すよりはまだよいが、ただ「じっくり」考えたとしても、考え方の基本が身についていなければ時間の浪費になってしまう。情報は「咀嚼」するのではなく、意味のある「分析」をすることが不可欠。

腕組みしながら悩むことが増えたあなた。問題の解決は「何から」はじめればいい？

Case Study

あなたは洋服販売チェーンの販売課長をしている。今月の売上が落ち込み、このままでは目標に届かない。支店長から呼び出され、「何とかしてくれ」と喝を入れられた。かなり気分も悪いのだが、すぐに対策を練らなければならない。

さて、次に取るべき行動として、どれが正解だろうか？

a 部下を呼んでとにかく気合を入れ、目標を必達するように命令する

b 担当エリアの各店舗を巡回して原因を突き止め、すぐに対策を練る

c 売上を要素別に分解して問題を発見し、アクションを考える

■問題の原因が何なのか突き止めよう

課長の行くところは、常に問題だらけだ。例えば、商品が売れない、新商品開発が計画どおりにいかない、コストが削減できない、生産ラインの効率改善が進まない、などなど。とにかく問題を解決するには、アクションをおこす必要がある。

新商品の開発の遅れやコスト削減など、何が問題なのかについて、「最も表層的な部分」は見えている。ところが問題解決の基本ができていないと、解決案を探ってみても、単なる思いつきのアイデアで終わる。

頭の中で、あっちに行ったりこっちに行ったりと堂々巡りを繰り返して、やっぱり違う方法のほうがうまくいきそうな気がしたり、また最初に戻ったりといった、無駄なサイクルにはまってしまう。このような考え方のプロセスでは、まともな解決策は出てきそうにない。当てずっぽうの解決策が成功する確率は、悲しいぐらい低いのだ。

効果のない解決策はほとんどガラクタ同然。時間を有効に活用するためにも、間違いなく効く解決策を考え出す力を養い、効率的な意思決定を目指そう！

普段の問題解決は「思いつき」

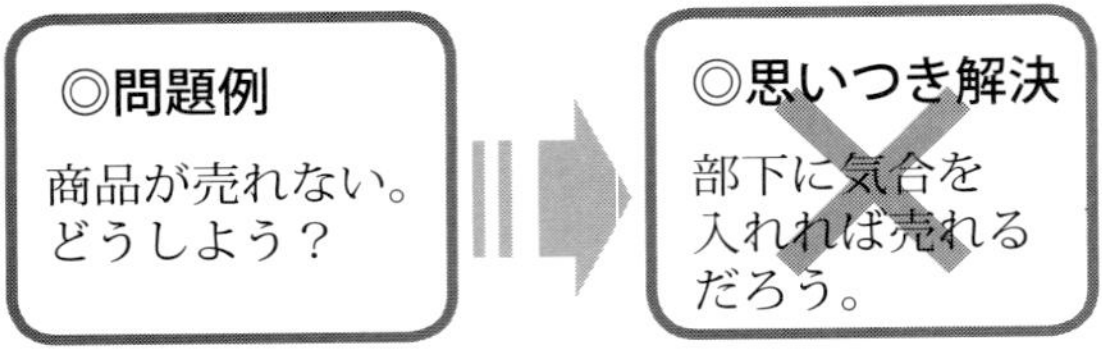
◎問題例
商品が売れない。
どうしよう？
◎思いつき解決
部下に気合を
入れれば売れる
だろう。

**脳みそをフル回転させなくても
おこせる単純な方法**

■原因の究明からアクションへの道のり

まずは各営業マンを招集する前に、エリア、担当営業マン、店舗タイプ別に実績をバラバラにして分析し、どこに問題があるのか把握する必要がある。

例えば郊外店舗の売上低下や、他店舗の進出など原因が分かる。次に、それらの原因がなぜ・どのようにに影響しているのか、そして、どうすれば解決できるのかをバラバラに分解して考えてみる。

もちろん、このような作業は普段から無意識のうちにしているだろう。しかし、抜け漏れや見落としがないようにみっちりと頭を使いながら、バラバラに分解する作業は相当意識しないとできない。

検討忘れがないよう、しっかりと頭を使って、バラバラ分解で真因究明をはかろう。

脳みその使い方

①思いつきでアイデアを出していないか

思いつきで答えを考えてみても、やっぱりまともな案は出てこない。

結局堂々巡りするだけで、無駄な時間を過ごすのがオチ。それでは、いったいどうしたらよいのだろう？

②納得できるまで、問題をバラバラに分解する

非常に地道な作業だか、最終的にはこれが一番の近道だ。

面倒くさがらずに、時間をかけることが大切だ。バラバラになった、一つひとつを丁寧に分析してみよう。

③問題点が分かったら、その理由を考える

こと細かに調査していけば、いったい何が悪いのかは分かってくるはず。

それが分かったら、何故それがダメなのかを、考えよう。そうすれば、自ずとやるべきことが見えてくるのだ。

④あとはアクションを起こすだけだ！

具体的な改善案が見つかったら、あとは行動あるのみだ！

事実関係や背景まで見えたので、正確なアクションを起こせるに違いない。

バラバラ分解

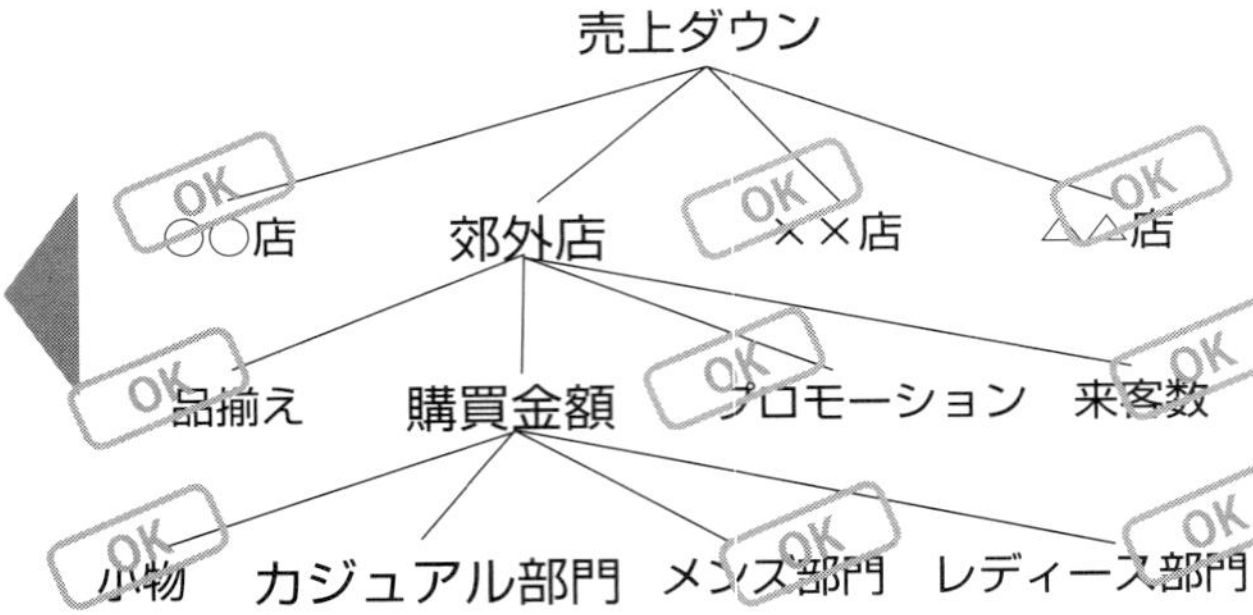

MBA的発想

■問題点が見えたあとは、その理由を考える

さて今回の事例では、バラバラにして分析した結果、幹線道路沿いエリアの郊外型大型店の売り上げが、大幅に落ちていることが分かった。また、競合他社の積極的なプロモーション活動が、苦戦の原因だとも分かった。

では、競合他社の影響による、自社の売上げ低下の原因をバラバラ分解してさらに分析してみよう。来店数の減少か、それとも購買単価が問題か、価格、プロモーション？ などなど。

それらをまず、担当営業マンに調査しても

Point

●why　競合他社のプロモーション攻勢
↓
その影響で自社への来店も増加している
↓
商品の陳列に問題があって、売れていない

●so what ←アクション
カジュアル服の陳列を変える
↓
郊外店に絞って、プロモーション強化
↓
各店の店長に戦略を指示

バラバラ分解していけば、何がネックになっているかが明瞭になりアクションにつなげやすい

らい、店長やスタッフからの意見を聞き出すなど、必要な情報を集めることが肝心だ。原因を特定するための情報を集めることで、必ず鉱脈にたどり着くことができる。

店舗からのデータが届き、それらを分析した結果、来店客数は増加していた。競合他社の販促の影響で、自社店舗にも顧客が流入してきたのだ。

ところが、カジュアル服の部門が極端に落ちている。価格面では負けていないし、顧客からの不満や要望も出ていないようだ。では一歩踏み込んで「なぜ(why)」を考えてみよう。

その結果、陳列が悪く目当ての商品を見つけられないのが売上げ低下の原因だと分かった。

このように「なぜ（why）」を考えることで、問題だけでなく、その背景がクリアになるのだ。

今回の場合なら、メインの商品を目立つ場所に陳列し直して、店内プロモーションを派手に展開することが必要だろう。仮に販売促進の予算が使えるのであれば、エリアを限定して折りこみチラシを入れるなどの告知活動を行う。また市内型店舗の予算を割り振ることも検討にいれる。そして対策が決まれば、各店の店長に連絡を入れて何をするべきか伝えよう。

この段階までくれば、次に、具体的にどう段取りを踏んで仕事を進めたらよいかについては、特にアドバイスすることは必要ないだろう。何をすべきかについて、あなたはきっともう、十分すぎるほど分かっているはずだ。なぜなら、課長にまで昇進できるだけの、優れたビジネスマンなのだから。

Case Studyの解答

a × 部下を呼んでとにかく気合を入れ、目標を必達するように命令する

b △ 担当エリアの各店舗を巡回して原因を突き止め、すぐに対策を練る

c ○ 売上を要素別に分解して問題を発見し、アクションを考える

a 原因が特定できないまま、気合を入れるだけでは、売上目標を達成できる可能性は低く、部下のモチベーションも下がってしまう。まずは、問題解決するための原因分析が必要。

b 現場担当者へのインタビューで解決策が見える可能性はあるが、まずはどこに売上低迷の原因があるか特定することが大切。バラバラ分解したうえで、現場をまわるという流れであれば、効率的に答えを発見できる。

c 本章で解説したとおり、まずはデータをもとに原因を突き止め、その問題を解決する方法を考える。そのうえで、より具体的なアクションを考えることが、できる課長の取るべき行動だ。

隙間時間を活用して、残業を50%カットする

目の前の仕事はきちんとこなしているつもり。なのにどうして、時間が足りないのか…。

Case Study

中間管理職になった途端に上司や部下とのコミュニケーション時間などが増えて、急に自分の時間が足りなくなってきた。そこで、隙間時間を活用して仕事の効率をアップしようと思っている。

次の3つの選択肢のうち、隙間時間の活用方法として、ふさわしいものはどれか。

a スケジュールソフトを駆使し、予定を細切れで管理する

b 何でもワープロソフトに文書化して残す

c 5分でできること、10分でできることなど、自分の標準工数を把握しておく

■意外と多い細切れ時間

多忙を極める課長さんに、是非ともおすすめしたい仕事術。それは隙間時間の活用。まずは、今回登場してもらう石田課長の１日のスケジュールを見てみよう。

9時30分～11時30分　課長会議
12時30分～13時30分　お客さんと昼食を取りながら、販売促進サポートの議論
14時00分～15時30分　業者との打ち合わせ
16時30分～17時00分　部下の山田君からの報告を受ける
17時30分～19時00分　隣の部の課長と相談

まず、石田課長は、朝一番から順調に仕事をスタートできたのか。１日を振り返ってみると、細切れ時間が結構あった。例えば会議までの30分や、来客までの１時間など。それらの細切れ時間を有効に使えば、仕事の効率は格段とアップするのだ。また、５分程度の隙間時間ならかなり作れるはずだ。

では、この隙間時間をどのように活用すればよいかみてみよう。

隙間時間とは…

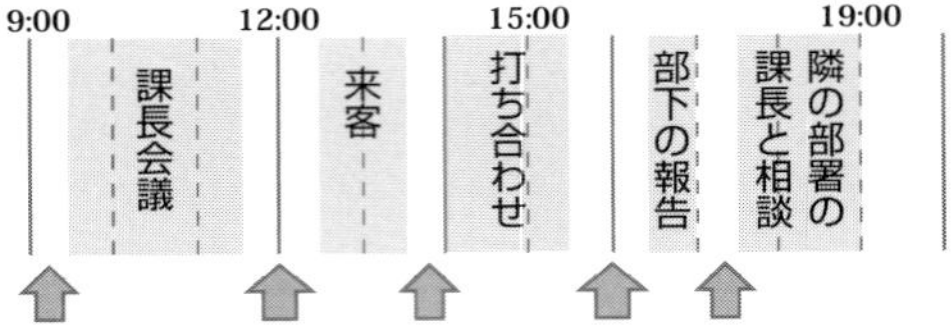

・朝、仕事を始めるまでの30分
・会議と会議の合間時間
・来客までの待ち時間　など……

集中して作業するには中途半端な時間は結構ある

■まずはスケジュールの見直しから

実は石田課長は、9時30分までの30分間を、コーヒーをいれたり、書類の整理をしたりと、特に頭を使わずに過ごしてしまった。通勤中のたった5分間でも今日やるべき内容と作業を確認していたら、9時ジャストから仕事を始めることができたはずだ。

また、まとまった作業をするには中途半端な感じのする30分や1時間は、メールや電話対応などで過ごしてしまった。たしかにコミュニケーションは必要だが、かなり時間を食う作業だ。しかし、こういった必要な作業についても、もう少し効率的に時間を短縮できる手はある。

一つひとつの作業を効率よく済ませば、それこそ5分程度の隙間時間はたっぷり生まれるだろう。

脳みその使い方

①なぜか時間が足りない？

テキパキと一生懸命、効率よくやっているつもりでも、毎日なぜか時間が足りない。

これはどうしても改善したい悩みだ……。

②５分で考えられることは何か？

時間の使い方は、たった５分の隙間時間で革命的に変わるもの。

一服していた時間や、ぼーっと座っている時間も含めれば、もったいない時間は山ほどあるのだ。

③ポイントの箇条書きを手書きする

打ち合わせや、ちょっとした電話のときでも、話す内容や伝えたいことを、箇条書きにしておこう。そうすればポイントがずれることなく、簡潔に用件が済む。

ちょっとした隙間時間を無駄にしないよう心掛けることが、何よりも大切。

④小技を磨いて時間を活用する

パソコンや携帯電話のスケジュールソフトを利用したり、パソコンの画面上に予定と内容の箇条書きを出しておくなど、便利なツールを積極的に使っていこう。

まずは手書きで十分

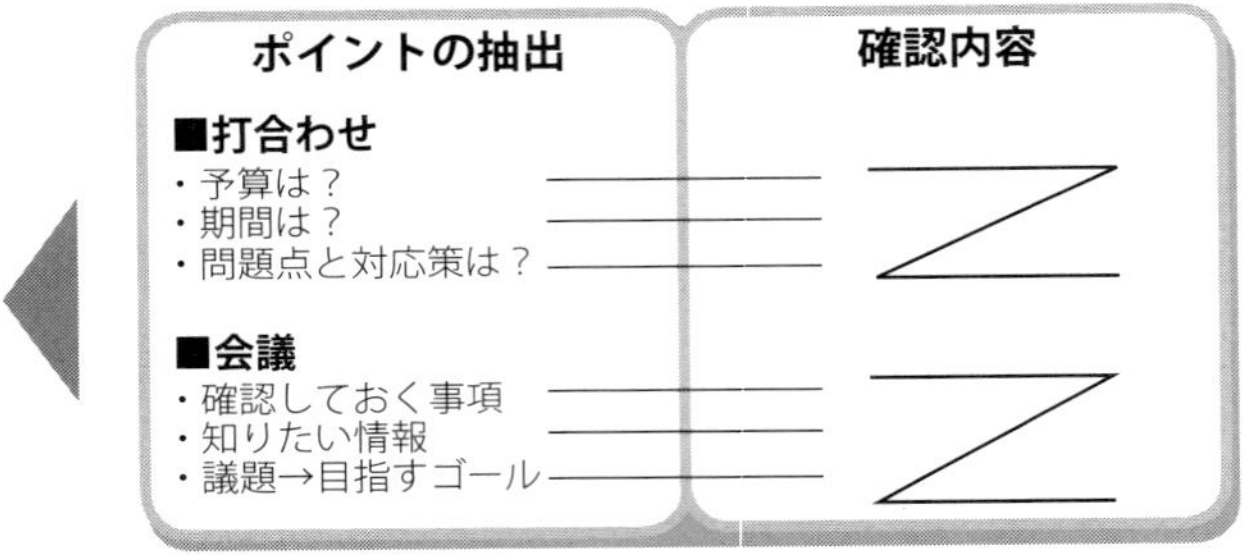
ポイントの抽出
確認内容
■打合わせ
・予算は？
・期間は？
・問題点と対応策は？
■会議
・確認しておく事項
・知りたい情報
・議題→目指すゴール

左に確認事項、右に実際に確認した内容を記入

MBA的発想

■ポイントの書き出しは手書きでＯＫ

これまで無駄にしてきた時間を、わずかな工夫で改善することが大切。では、細切れに作った時間をいかに効率的に使えばいいか。

例えば、業者に会う前、会議に出る前、部下と話をする前に、何を話すべきかポイントをまとめておくだけで、必要な時間量はかなり違ってくる。具体的には、業者と打ち合わせであれば、「①どれくらいの予算が必要か、②どれくらいの期間がかかるか、③懸念される点と、その対応策にはどのようなものが考えられるか」と、手書きで議論の項目をまと

Point

■電話をかける
・伝えるべき要点
・確認すべきポイント

■部下からの報告
・確認項目
・前回までの経緯
・指摘点

メールを送るときや、電話を受けたときも「ポイントを箇条書きにする」

あとから頭をフルに使ってまとめ上げるときに役立ち、時間を短縮できる

めておく。これぐらいの作業であれば５分でできる。

また、この「まとめシート」を作るときは、左側に議論すべき内容を書き込んで、右側に実際に議論した内容を書き込むようにしよう。こうすることで、話は脱線しないで済むし、内容をクリアに理解できるので、余分な時間をかけずに、用事を済ませることもできるのだ。

会議や部下から報告を受ける場合も同じ。同じ話の繰り返しや、だらだらと会議が長引くのを避けられる。

前後にちょっとだけ時間を使って作業を効率化できるのは電話やメールでも同

じ手法を使える。こちらから電話をする場合は、かける前の30秒で何を話すかリストアップしておく。向こうからかかってきた場合は、くず紙の端などに走り書きしておいて、あとから何を話したかまとめて書き込めばよい。

また、メールについても伝えたい内容を箇条書きでさっとタイプしたあと、前後のつなぎの文章を書く。これなら、書いている途中で時間切れになってもすぐに後から再開でき、時間を大幅に短縮できるのだ。

さらにスケジュールソフトには、会議などだけではなく頭を使ってする作業についても打ち込み、できるだけいつでもPCのスクリーンにスケジュールソフトの画面を出しておこう。こうすることで、次の30分、1時間で何をしたらよいのか一発で把握できる。このスケジュールソフトに内容を打ち込む作業は、まさに5分程度の隙間時間を使ってできる作業だが、効果は絶大だ。

なお、ランチや喫煙室などに行くときの休憩時間もポストイットとペンぐらいは携帯しよう。携帯電話のメモ帳やメールも活用できる。隙間時間の5分間で脳みそをフル回転させて考えることで、その数倍の時間を節約できるようになるのだ。

Case Studyの解答

a ○　スケジュールソフトを駆使し、予定を細切れで管理する

b ×　何でもワープロソフトに文書化して残す

c ○　５分でできること、10分でできることなど、自分の標準工数を把握しておく

a 隙間時間を活用するためには、まずは基本となるスケジュールを細切れにして管理しておくことが第一歩になる。そのうえで、各スケジュールの合間の隙間時間を、ちょこっとした作業時間として使うことが大切。

b 隙間時間を使いこなす秘訣は、とにかく余分な作業を排除すること。まずは手書きでさっと作業に取り掛かる。じっくり時間を使うのは、スケジュールを打ち込むときだけだ。

c 人間の能力はとても優れていて、５分、10分といった短い時間でできてしまうことはたくさんある。普段から、自分の標準作業時間が分かっていれば、ちょっと空いた時間を無駄にしないですむ。

パッと思いつくようなアイデアは成功の確率が高いかは分からない…。

Case Study

昨日の常識が今日は通用しないような、時代の変化が激しいビジネス界になってきた。結果が出せる「できる課長」として、絶えず新しいアイデアを生み出し、日々ビジネスを進化させる力が求められている。

次のうち、成功する確率が高いアイデアを生産する技術として正しいものはどれか。

a ヨガや瞑想のクラスに通い、発想力を鍛えなおす

b 成功事例を分析し、そこから得られた示唆をもとにアイデアを出す

c 最低10個のアイデアを出し、それを吟味したうえで最善のものを選ぶ

■新しいアイデアは簡単には浮かばない

ビジネスマンである以上、画期的なアイデアで成功事例を作りたい、今までにない新しい商品を開発したい。そんな気分になることは多いのではないだろうか。

しかし、気合いを入れて頑張ってみたところで、今まで誰も考えつかなかったようなすごい企画が突然ポンと湧いて出てくることは、ほとんどないだろう。もちろん、天才的なヒラメキがある人や偶然の産物は例外だが、残念ながらそういった機会はめったにないものだ。

また仮に「これは！」と思うようなアイデアが浮かんでも、成功するかどうかは実際にやってみないと分からない。しかし、そのようなケースの場合、自分のアイデアに対する思い入れが強く、固執しすぎて結局は失敗するというのがよくあるパターンだったりもする。

そもそも自分ひとりで思いつくようなアイデアは、すでにどこかで誰かが思いついている。かつ、それが本当にすごいアイデアであれば、すでにどこかで使われているはずだ。そのくらい謙虚に思ったほうがよいのではないだろうか。

新たなアイデアを出すには…

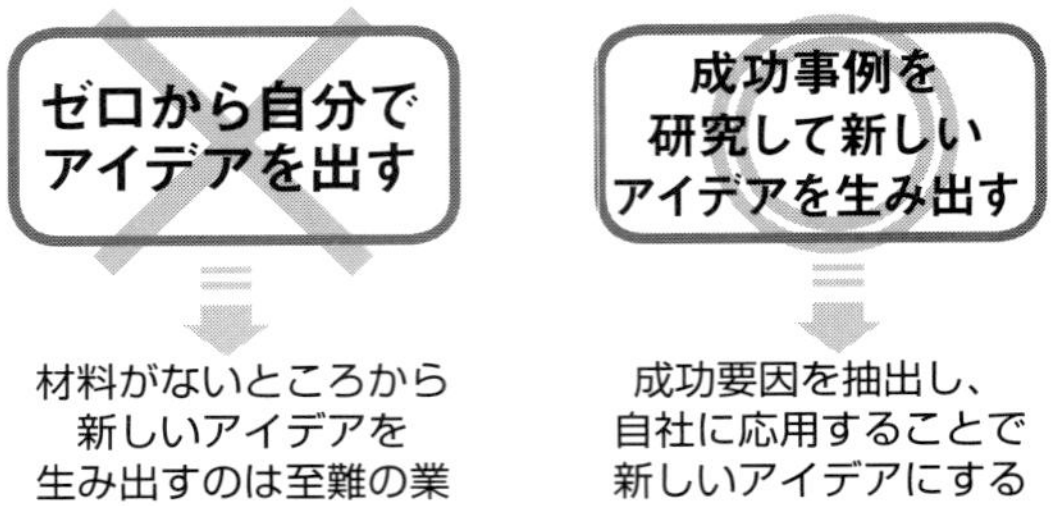
ゼロから自分で
アイデアを出す
材料がないところから
新しいアイデアを
生み出すのは至難の業
成功事例を
研究して新しい
アイデアを生み出す
成功要因を抽出し、
自社に応用することで
新しいアイデアにする

■成功事例はアイデアの宝庫だ

男性用化粧品の販売企画を担当している岩田課長は、インターネットを使った新しい販売方法についての企画を提出することになった。

まずは同じ業界でネット販売をしている企業の事例を見てみよう。例えば、「競合企業は、若者向けの廉価版商品を販売しているが苦戦している」、あるいは「女性用化粧品をネットで販売している企業はかなりある」など。なかでも、特に成功事例は新しいアイデアを生み出すときの材料になるので、しっかり把握しておくことが必要だ。

新聞・関連雑誌、ネット検索などで多くの事例を集めてみるとよい。また、他業界での成功事例もアイデアの素として重要になるので、調べておこう。

脳みその使い方

①思いつきのアイデアは成功率が低い

何の準備も無しに、天才的なアイデアが浮かぶ人は皆無に等しい。
気合と根性で企画を考えるのも同じこと。
自分で凄いと思っても、もうすでに誰かがやっている可能性が高いのだ。

②他社の成功事例を集める

思いつきのアイデアは、当たるかどうか分からない。そんなときは、他社の成功事例をみてみよう。そこには新たなアイデアに導いてくれる要素が詰まっている。その事例を、自社でいかにアレンジできるかがポイントだ。

③「なぜ」成功しているのか考える

ただ単に成功している、というだけの企業はない。成功の影には、必ず「理由」が存在するはずだ。

その理由を探しあて、理解することで自社への応用が可能になるのだ。

④自社でできることは何か？

他社の成功事例を研究することは、同時に成功の要因を知ることでもある。
成功確率の高いアイデアをもとに、自社が立ち向かう方向を検討できるはずだ。

成功事例の分析

成功している事例①
女性化粧品のオンライン販売で成功している競合他社

サンプルをリクエストしてくれたお客様に、さらなる告知

成功している理由【why?】

⇒熱狂的なファン組織作り

成功している事例②
オンライン書店の売上を増やした全国チェーンの書店

書店で買いづらい本を中心にオンラインでプロモーション

成功している理由【why?】

⇒面倒臭さ、恥ずかしさの解消

MBA的発想

■他社の成功事例をアイデアに進化させる

成功事例が集まったら、今度はそれらを材料にして、「何をしたらよいのか」を考えてみよう。

具体的には、集めた成功事例がどうして成功しているのかという理由、つまり「why」と、その事例の成功要因を使って、何ができるのかといった内容、「so what」について考えてみる。それが、新しいアイデアを生み出すために必要なアクションになるのだ。

まずは、女性用化粧品のオンライン販売で成功している企業の事例について。

Point

自社への応用 ⇒ 新しいアイデア【so what】

- 自社製品を購入したお客様へ、専用のファンサイトを提供
- 加齢臭を抑える化粧品や、薄毛用製品などをオンラインで販売
- 購買額に応じて、ポイント加算
- クーポン券の使用でＷＥＢの顧客を実店舗に呼び込み　などなど……

『why』と『so what』が新しいアイデアに導いてくれる

この企業の成功理由は、ウェブ上でお試しサンプル利用者を募集している点らしい。サンプルをリクエストしたお客さんにメールアドレスを登録してもらい、さらに、定期的にその商品に対する意見をメールで送ってもらったり、またほかの利用者がどのように使って効果を出しているのかなどを紹介している。

つまり、ネットやメールを使って情報発信することで、自社製品のファンになってもらう活動を頻繁に行うことが成功要因だと分かる。

また、お客さんの「店舗だと販売員に押し売りされるかも」といった不安を取

り去ることで、そのぶん、情報を受け取ってもらえる機会を増やしているのだ。
また、ほかの業界では、全国チェーンの大手書店が、ここ数年オンライン販売で成功している事例があった。この企業が成功した理由は、実際の店舗とオンラインブックストアで売る商品を変えていることが要因だということらしい。

実際の店舗ではちょっと買いにくいと思われる本を、ネットで積極的に販売することで、顧客の持つ潜在ニーズにうまく応えたのだ。加えて、ポイント加算制や、割引クーポンなどがネット利用の顧客を店舗にもうまく導いているのだ。

では、これらの事例をもとに、岩田課長はどんなアイデアを考えられるか。例えば、ちょっと店舗では買いにくい男性化粧品（加齢臭を抑える商品や、薄毛用の商品など）をネットで販売したり、サイト上で利用者の意見を紹介して、潜在ニーズを持つ顧客の取り込みを行ったり、サンプル提供やメールマガジン、ポイント加算や割引クーポンなども活用できる。成功事例研究は、成功確率の高い新しいアイデアを生み出してくれる手法だということが、ご理解いただけただろうか。

Case Studyの解答

a ×　ヨガや瞑想のクラスに通い、発想力を鍛えなおす

b ○　成功事例を分析し、そこから得られた示唆をもとにアイデアを出す

c ×　最低10個のアイデアを出し、それを吟味したうえで最善のものを選ぶ

a 何かを思いつく力は強化される（かもしれない）が、自分が考えついたアイデアは、すでに誰かが思いついていると認識することが、本当の新しいアイデアを生み出す第一歩だ。

b 同業界、他業界を含めて、先行する成功事例が溢れている。そこから、「なぜ（why）」を抽出し、自社や自分に当てはめて「だから どうする（so what）」まで昇華させることができれば、それが新しいアイデアになる。

c どんなに多くのアイデアを出したところで、それがジャンクの羅列だとしたら、時間の浪費以外の何ものでもない。

また、正解のない選択肢から無理矢理答えを選び出すのは、愚の骨頂だ。

英語は日本人発想そのものを破壊しないと身につかない

近年、英語を使う機会が増えてきた。しかしなかなか上手く伝えられずもどかしい…。

Case Study

課長昇格と同時に転勤になった部署では、欧米やアジア諸国との仕事が多く、英語でコミュニケーションをとる機会が増えた。自分ではそこそこ話せているつもりでいたが、どうやらうまく伝わっていないらしい。
使える英語力を身につけるためには、次の選択肢のうち、どの方法が最適だろうか？

a 朝起きてから夜寝るまで、すべて英語で考える生活を送り、英語力を鍛えなおす

b 気合と根性を入れて、毎日英会話学校に通い、英語漬けの生活に自分を追い込む

c まずは英語的な発想を身につけ、段階的に文法や単語を増やしていく

■とかく英語には苦労させられる

昨今のビジネス環境の変化によって、仕事で英語を使う機会が以前と比べて格段に増えた課長さんは意外と多いのではないだろうか。しかし日本の受験英語と、社会人になってから思い出したようにポツポツと勉強した英語力では、相手の言っていることが分からないうえに、自分の言いたいことも相手に伝えられない。

日本人留学生は、たとえ留学前に英語のテストでハイスコアを叩き出したとしても、日常生活で母国語と英語の双方を使って育ったアジア系の学生と比較しても、致命的に喋れない。生まれて初めて「自分はこんなにだめだったのか」と自信喪失するぐらいに、留学初期は話に参加できないものだ。

ところが、学期が進むうちにだんだんと話が聞き取れるようになり、言いたいことが相手に伝わるようになってくる。これは、日常生活がすべて英語になることに、体が慣れたということが要因なのだろうか？

本項では英語を使いこなすための基礎となる考え方と、どのようにボキャブラリーを増やしていったらよいのかについて紹介したい。

「because」は英語会話の基本

わたしはこう思う		なぜなら
I think	＋	**because**

子供の頃からこの考え方が身についている
→英語をマスターするには、
英語の「話す構造」を身につけることが大切！

■日本人発想と英語的発想

「この案はかなりいけると思うんですよね」「うん、たしかに。これなら相当いけそうだね」。このような最低限の言葉で会話が成立してしまう日本人。ところが、英語では「なぜ（why）」「なぜなら（because）」がないと、相手は納得してくれない。理由がないまま説明して、そのまま会話を流そうとしても怒涛の「Why? Why?」攻撃にあってしまう。

ならば、日本人的な発想を破壊して、「何々だから、何々です」という英語的な発想を身につけよう。英語的なものの考え方が身につけば、まずは英語力の基礎ができあがり、その上に文法や単語力が乗っかっていくことによって英語でのコミュニケーションが上達していくのだ。

脳みその使い方

①あ・うんの呼吸を喜んではいないか

日本人は曖昧な表現や、あ・うんの呼吸的な会話で仕事をすることが多い。

日本のビジネスなら、そういったノリで成功したかもしれないが、理由の説明が必要な英語的発想ではまったく通用しない。

②「なぜ」なのか説明できるようにする

会話相手が言ったことに、いちいち「なぜ」で返すのが英語の常識。

日本だと変に気づかいあって、突っ込まないでおくところだが、why-becauseがないと、英語の正しい会話は成立しない。

③英語を覚える前に、考え方を身につける

「なぜ」から「なぜなら」という考え方を身につけよう。アメリカなら子供でも当たり前の会話術だ。

かつて日本人が「ノー」と言えないといわれた理由も、このあたりにあるかもしれない。

④日常的に英語に触れる努力をしよう

英語的発想を身につけたあとで、さらなる英語力を強化しよう。

映画や音楽だけでなく英語を勉強するツールはいくらでも存在する。本文で紹介したEメールなどを使って、「聞いたらすぐに使う」を繰り返していこう。

日本語会話と英語会話

うん、たしかに。
これ、なんとなくイイね。
ぼくは、あのヒーローは正しいと思うよ。なぜなら〜〜〜。
え……？

ビジネスの会話でも　子供との会話でも

MBA的発想

■発想が身につけばあとは文法と単語だけ

闇雲に単語帳や辞書を丸暗記するのは退屈な作業だし、高いモチベーションを保ち続けるのは至難の業に近い。それでは、うまくやる気を継続させながら、長期間にわたって継続的にボキャブラリーを積み上げていく方法について紹介しよう。

まず最初に紹介するのはEメールの活用だ。社内で日本人の友達を探しているネイティブスピーカーや英語学校で知り合った先生などと、定期的に英語でメールをやり取りする習慣をつけよう。内容は何でもよい。その

Point
まずは結論から
・これは××です。
・わたしは
こう思います。
つぎに
理由を説明
なぜなら
〜〜だから
です。

「結論や意見を先に伝えたあとで、理由を話すとよい」
↓なぜなら
「この表現によって英語的発想が身につくからです」

日にあったことや、時事的なトピックスについて、あなたの意見とその理由を書く。

この作業は、文法と単語を覚えるのに相当に役立つ。日本語では当たり前のように言える内容も、いざ英語で書こうとすると悲しいくらい表現が出てこない。

そこで、和英辞書や文法の参考書と格闘して、言いたい表現と単語を見つける。定期的にこの作業を積み重ねることによって、あなたが使える単語や文法表現は、飛躍的に向上するはずだ。

メールを出したら、次は返事を待つ。筆まめな人であれば、頻繁にかなり長い返事をくれるだろう。この返事メールは生きた英語表現の宝庫だ。ネイティブスピーカーが日常的に使う、英語的でしゃれた表現に満ちあふれている。これを無駄にはできない。それこそ一字一句暗記してしまうぐらいになるまで読み返そう。そして、それらの表現を真似して、また次のメールを書いてみよう。こうすることで、あなたの書く英語は、日本人英語から本場の英語へとみるみる進化していくのだ。

これは英字新聞や映画でも、同じことがいえる。ただし、気合いを入れすぎるあまり、いきなり英字新聞から読みこむのはお勧めしない。また、映画を見るときもまずは、日本語の字幕がついた映画を見ながら、英語の表現に同時に耳を傾けよう。

最後に、何でも英語で独り言を言ってみることをお勧めしたい。具体的には、通勤中の中吊広告、その日の会議で発表する内容、前日の友達との会話など。これは非常によい練習になる。メールよりも、頻繁に練習できるし、うまく言えない表現を、あとから辞書を開いて単語や表現を調べることで、ボキャブラリーはどんどんと増えていく。一回喋った内容は、次はもっとうまく言えるようになるのと同じで、一度苦しんで英語にした内容は、長い間あなたの脳に滞留してくれるのだ。

Case Studyの解答

a △　朝起きてから夜寝るまで、すべて英語で考える生活を送り、英語力を鍛えなおす

b △　気合と根性を入れて、毎日英会話学校に通い、英語漬けの生活に自分を追い込む

c ○　まずは英語的な発想を身につけ、段階的に文法や単語を増やしていく

a ある程度の英語力があるならばこの方法も有効だが、まずは英語的な文章の組み立て方や発想方法を身につけないと、やはり相手には伝わらない。

b この選択肢も同様で、中級者から上級者向けの方法だ。

また、毎日英語学校に通うとなると相当の投資金額になるし、あまり自分を追い詰めすぎると挫折する可能性も高まる。

c 自分の意見＋because（なぜなら）の表現方法を使いこなせるようになれば、自然と英語的な発想になり、多少発音があやしくても通じる。そのレベルから少しずつ進歩すればよいのだ。

乱読こそが「使える考え方」の獲得術だ

世の中に溢れているさまざまな技術やノウハウを効率良く吸収するには？

Case Study

課長になると、知っておかなければならないことが格段に増える。そこで、効率的に情報収集し、頭の中の引き出しを増やしておきたいと思っているのだが、いかんせん本を読むスピードが遅くて苦労している……。次のうち、「使える考え方」を獲得するための読書術として、ふさわしいのはどれか。

a 必要な情報を捜し求めながら、斜めに読み飛ばす

b 本の全ページをじっくりと熟読し、エッセンスを搾り出す

c 目次や表題に目をとおし、気になったところから読んでいく

■考える力も育てよう

料理人が新しいメニューを考え出すときには、各材料と味付けをまずは頭の中で簡単なシミュレーションしたうえで、実際の作業に取り掛かるだろう。それらは、料理人としての基本技があるからこそ、創作の領域まで到達できるのだ。経験を積み、技を磨き、そしてさらに上を目指すため、新しい技を吸収しようと努力する。

企画や戦略を考えるときにも同じことがいえる。いくら考えるためのネタが揃ったとしても、考えるための術を持ち合わせていなければ何も出てこない。

世の中には考えるための技を提供したツールが溢れている。特に実用書やノウハウ本には、それらの著者が何年もかけて熟成させた「使える考え方」が凝縮されているのだ。これらを吸収して、技を増やしていかないのはもったいない話だ。

例えば、企業価値を計算するための枠組みは…、意思決定を間違いなくスムーズにするための事実のとらえ方は…、など、惜しげもなく紹介されているのだから。

本項では、頭をより高回転させるための考え方の技をどうやって効果的に吸収したらよいか紹介したい。

「使える考え方」がないと…

ない：目の前に貴重なネタがあっても有効活用できない

ある：情報と処理を効率的に実践できる

■読書は考え方のエッセンスを搾り出す作業

本来たった数十分で「使える考え方」を把握できるはずが、延々と関係のない内容を読まされて時間を浪費してしまうことが多々ある。これでは本末転倒。仕事も家庭も大変な課長さんは、できるだけ時間を有効に使いたいはず。

味わうための読書と、考え方を吸収するための読書はまったく別ものである。最短の時間で考え方のエッセンスを引き出し、頭の中にストックすることが、「考える技を得る読み方」の目的である。そのためには、自分にとって必要な内容だけを選び、関係のない部分は読み飛ばすぐらいの勢いが必要だ。

そして余った時間は、また別の本から別の考え方を抽出する時間にあてよう。

脳みその使い方

①材料がなければ料理はできないが……

世の中にネタ（情報）は溢れるほど転がっているが、それらのネタをいくら頭に詰め込んだところで、効果的に料理する技がなければ意味がない。

その技こそが「考える力」なのだ。

②自分が何を求めているのか考える

新聞や本を読んで情報を仕入れるのはよいが、できる課長を目指すビジネスマンに無駄な時間はない。

何でもかんでも読みあさる時間はないのだ。まずは「何を得たい」のか明確にしてから読むべきだ。

③乱読の前に目次をチェックする

効率的に情報を得るなら、まずは気になった本の目次を見てみよう。

目次は本の中身を表す重要なページ。

読みたいと思うコンテンツがあったら、ポイントを絞って読むべきである。

④時間をかけずに素早く情報を得る

仕事で煮詰まったときなど、必要な章だけをさっと読み返すと、いつでも目からうろこが落ちるような思いをするものだ。

斜め読みの大切さを知り、多くの素晴らしい本と出合おう！

考えを吸収するための読書

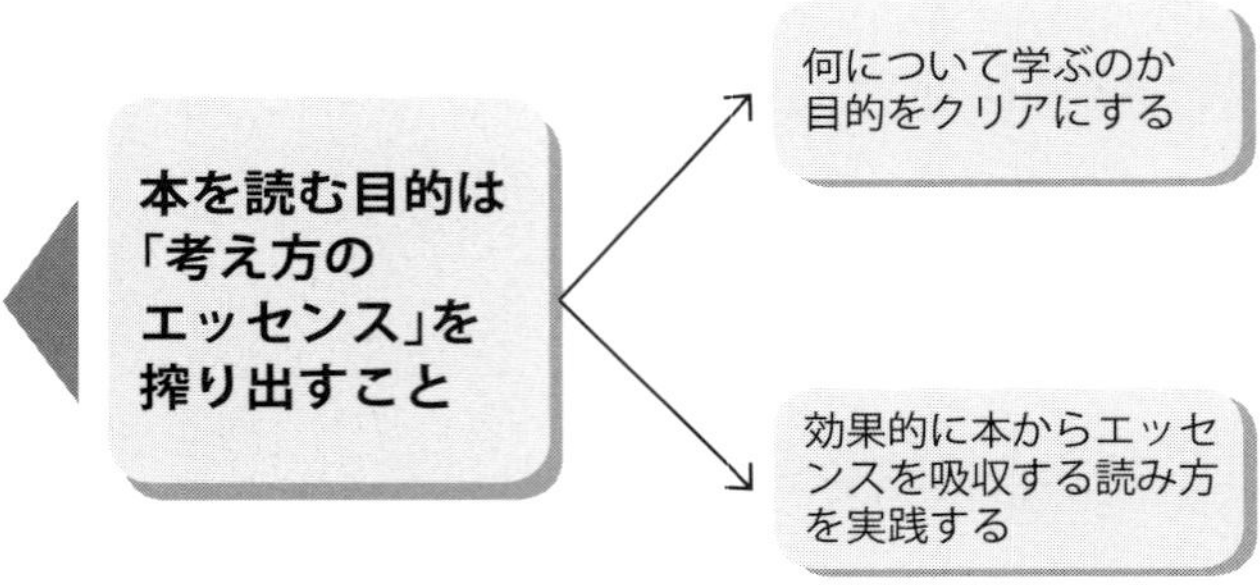
本を読む目的は「考え方のエッセンス」を搾り出すこと
何について学ぶのか目的をクリアにする
効果的に本からエッセンスを吸収する読み方を実践する

MBA的発想

■うまく読み飛ばして、考え方を抽出する技

考え方のエッセンスを吸収するための読書法は、「この本から何を得るのか」という目的意識を持つことが大切だ。

新しい考え方の枠組みを学びたい、仕事で煮詰まったときに前に進むヒントを与えてくれる技を知りたい、といったような、その本を読むための理由についてまずは考えよう。これだけでも、吸収効率は格段に向上する。

次に、具体的な本の読み方だが、最初は目次に目をとおす。「いったいこの本は何が言いたいのか」という質問に答えるために、さ

Point

●その本を読む目的意識を持つ

⇒　・新しい考え方の枠組みを学びたい
　　・煮詰まったときのヒントがほしい　　など……

●どこに何が書いてあるか「あたり」をつける

⇒　・目次に目をとおして、全体を把握する
　　・興味を惹かれる表題を発見　　など……

●斜め読みして「金脈」を掘り出す

⇒　・当たり前のことや知っていることは読み飛ばす
　　・新しい考え方や欲しかった情報はじっくり吸収　　など……

時間を浪費しないために、求める答えをつかみとれる“読書”をしよう

っと目次を斜め読みするのだ。面白くてためになる本であれば、興味を引かれる表題がいくつもあるはず。ここがポイントだ。それらの表題は、あなたがこれまで持っていなかった考え方の技を紹介している可能性が高い。

特に一般的に言われていることや、あなたがこれまで考えてきたことと、まったく反対のことを言っているような表現に当たったときは、新しい考え方を吸収できるチャンスだと考えよう。

そんなときは、ちょっと立ち止まって「なんでこんなことを言っているんだろう」と2～3分、頭を回転させて考えて

みる。もちろん、その場で答えは出ないから、その章から読み始めればよい。そこにはあなたの疑問に答える内容が繰り広げられているはずだ。

もちろん、自分にとって新しい考え方が紹介されている章だからといって、そこをじっくりと読み込む必要はない。あなたが持った疑問に答えている文章を、読み飛ばしながら探し出すだけでいい。

あなたの持つ疑問は解消され、新しい考え方が脳みそにストックされるのだ。また、その答えの前後を読むことで、なぜ著者がその考え方を提唱しているのかの理由や、周辺情報についても情報を得られる。

ここまで来ることができれば十分だ。あとは、その本のなかで同じようにあなたを立ち止まらせる章を探し出し、同じように読み飛ばして、肝心な部分だけを抽出するという作業を繰り返せばよい。

Case Studyの解答

a ○　必要な情報を捜し求めながら、斜めに読み飛ばす

b ×　本の全ページをじっくりと熟読し、エッセンスを搾り出す

c △　目次や表題に目をとおし、気になったところから読んでいく

a じっくり味わう「趣味の読書」とは違い、目的はあくまでも「使える考え方」を拾い出すこと。ならば、最初から目的を持って斜め読みをしないと、必要な情報とは出合えない。**b** エッセンスが詰まった重要な箇所は、じっくりと何度も読んで理解することが大切なのだが、全ページでそれをしていたのでは、とてもじゃないが時間が足りない……。**c**「この本から何を得るのか」という目的意識を持ったうえで、この読み方をするのであれば正解。頭を活性化させるための、〝脳みそストレッチ〟としても正解になり得るが、単に気になったところだけでは、欲しい情報が得られない可能性もある。

MBAは頭を使って考える、強制トレーニング道場だ

MBAホルダーが、あまり自分の得意でない分野でもそれなりに意見が言えるのには理由がある。彼らは、2年間のタフな学生生活のなかで、しこたま考えるトレーニングをさせられるのだ。自分の知っている分野で、経験をベースに意見が言える機会は多くない。ほとんどの場合は、それまで縁もゆかりもなかった業界や内容について、相手を納得させられるだけの意見が求められる。とにもかくにも大変な2年間を過ごすことを強要されるため、知らず知らずのうちに考える頭に進化していくのだ。

単位を取るための課題は待ってくれない。期日までにできなければ、落第点がつく。そんな環境のなかで、とにかくサバイブして必要な単位数を稼ぐために、それまで使っていなかった頭を無理やり回転させて、ひたすら脳に汗をかく。大量の課題を読み込んで書くレポート、授業での発言、プレゼンテーション、などなど。しかも、ロジックが甘いと、容赦なく成績は下がる。

Column

本当に、「MBAに来るまでは頭なんか使っていなかったんだなぁ」と実感させられるぐらい、脳細胞はいつでも全力疾走だ。

それにまた、大量に詰め込まないといけない基礎知識を覚えるときにも、10代の受験戦争を駆け抜けてきたころのような、何でも機械的に丸暗記する能力は悲しいくらいに低下している。まずは、内容を理解しないと頭に入ってこない。じっくり考えて納得しないかぎり、使える知識にならないのだ。また、考え抜いて腹に落ちたものでないと、試験では太刀打ちできない。いわんや、教科書を丸暗記したところで、それが使えないのだとしたら意味がないのだ。

MBA帰りの人間が、よく「今までの人生で一番脳みそを使った時期だった」と口にするのは、考えさせられる2年間を過ごして帰ってきた証拠だ。

この考える作業が、授業中あるいは勉強しているときだけならまだ助かるのだが、実際は常に考えていないと、ランチを一緒に食べているクラスメートからも突っ込まれる。そこで、ごにゃごにゃと、何の芯もない話を繰り返してしまうと、友達もできなくなってしまう。アメリカ人にしろヨーロッパ人にしろ、子供の頃から考えることを習慣づけられているのに加え、さらにMBAの修業期間が進むにつれて、たちが悪いぐらい脳みその回転力が進化しているのだ。

例えば、なぜ前の会社にいたのか、どうしてMBAを取ろうと思ったのか、将来どんなキャリアゴールを考えていて、そのためにどんな授業を取って、どんな企業に就職したいと考えているのかといった話を、すらすらとロジカルに説明できないと、「なんでこんな奴がクラスにいるのだろう⁉」と、知的レベルさえ疑われてしまう。パーティーにすら行けやしない。

結果として、学校でも、プライベートでも強制的に頭を使うようになる。一息ついて、日本にいたころのようにぼーっとできるのは、深夜一人で下卑たトークショウをTVで見ながら、ビールをあおっているときぐらい。そのくせ、「あー、明日もまた死ぬほど頭を使わないと」と、ため息をつきながら、MBAに来てしまったことを後悔するのだ。

第2章

MBA的課長術

部下からの報告・連絡・相談は、重要なコミュニケーションと分かっていても結構難しい。

部下からの〝報連相〟は3つのポイントにまとめる

Case Study

これまでと違い、課長になったあなたは部下からの報告・連絡・相談を受けることが多くなった。しかしその機会を使って、効率的に実績を生み出せている実感がなく、どこかに問題があるように思える。

部下からの報・連・相を上手に活用する方法として、次のうち正しいものはどれか。

a できるだけ時間をかけて、真摯な姿勢で部下の報・連・相と向かい合う

b 部下を成長させるためにも報・連・相の根底にあるロジックを、徹底的に批評する

c 一緒に答えを出すことを目的に、論点を整理しながら考えをまとめていく

■なぜ課長には部下がいるのか

答えは明らか。自分ひとりでは、課のすべての仕事をこなすことはできないからである。また、いくら課長といっても、自分の課の仕事についてすべてを把握できるものではない。自分に知識や経験がない領域については、その分野に詳しい部下の助けがないと仕事は進まない。課長には、それぞれの能力を発揮させて、課という組織で最大限の結果を出すことが求められているのだ。

部下に仕事を任せる場合、細かい指示を与えれば仕事はスムーズに回る。しかし、このやり方では組織としての力を発揮することにはならないし、自分のクローンが5人いても、変化の激しい時代に、新しく革新的なアイデアが生まれる可能性も低いだろう。さらに、部下のモチベーションも低下してしまうはずだ。

単なる指示出しスタイルよりも、コミュニケーションを頻繁にとりながら仕事を進めていけば、結果として彼らからいろいろな情報が入ってくる。しかし、情報が多すぎれば、その分、時間をとられることになるのだ。

本項では効率的にコミュニケーションがとれる方法を考えてみよう。

報・連・相をまとめるポイント

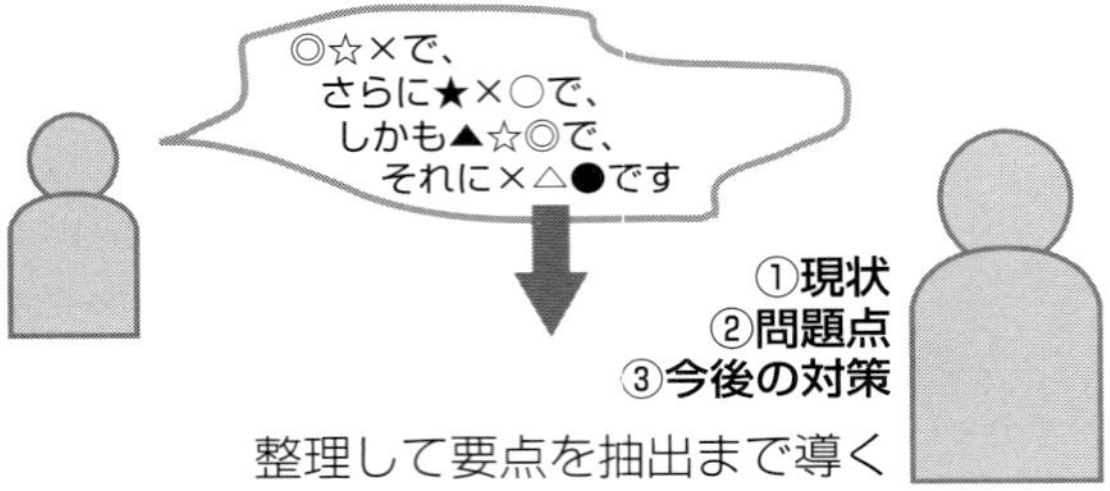
◎☆×で、
さらに★×○で、
しかも▲☆◎で、
それに×△●です
①現状
②問題点
③今後の対策
整理して要点を抽出まで導く

■すべての社員の報連相を把握するのはムリ

「課長。実は◎☆×で、さらに★×○で、しかも▲☆◎で、それに×△●なので、どうしたらいいでしょう」。このように、部下の話は要点が散漫なことが多い。理由は簡単で、彼らは詳細を知りすぎているので、情報の処理がうまくできていないのだ。

まずは、何が起こっているのか、何がボトルネックなのか、きちんとポイントに分けて整理し、部下の話から要点を抽出することが必要になってくる。

ＭＢＡではよく「Magic Number 3」という表現を耳にする。人間が理解し、覚えられるのは3つまでという意味だ。とにかく何でも3つのポイントに無理やりまとめてしまう。これができれば、自分の課の動きを効率的に把握できるようになる。

脳みその使い方

①部下の報告に２人で悩んでいないか？

突然声をかけられて、その場で急に対応しなくてはならない部下からの報告。

報告するほうは起きている事象をマシンガンのように話すし、聞いている側も、何を言えばよいのか分からない。これは改善しなくては……。

②報連相になぜ時間がかかるのか

報連相に時間がかかるのは、「話すポイント」と「聞くポイント」が絞れていないから、につきる。

毎日毎日、無駄な時間を費やすことになるのは、ビジネスマンとしていかがなものか？

③議論の前にポイント整理を促す

部下はあくまでも一緒に仕事をしているパートナーだ。彼らが要領よく議論できるように、報告内容のポイント整理を優しく促そう。

これさえ徹底すれば、１日のうちの相当な時間が取り戻せるだろう。

④ポイントごとに理解し答えを導き出す

３つのポイントごとに会話を展開していけば「事柄の背景」「問題点」「解決策または善後策」などまで議論できるし、部下の考え方も分かるようになるはずだ。

Magic Number 3

人間が同時に理解できるのは「3つ」が限界

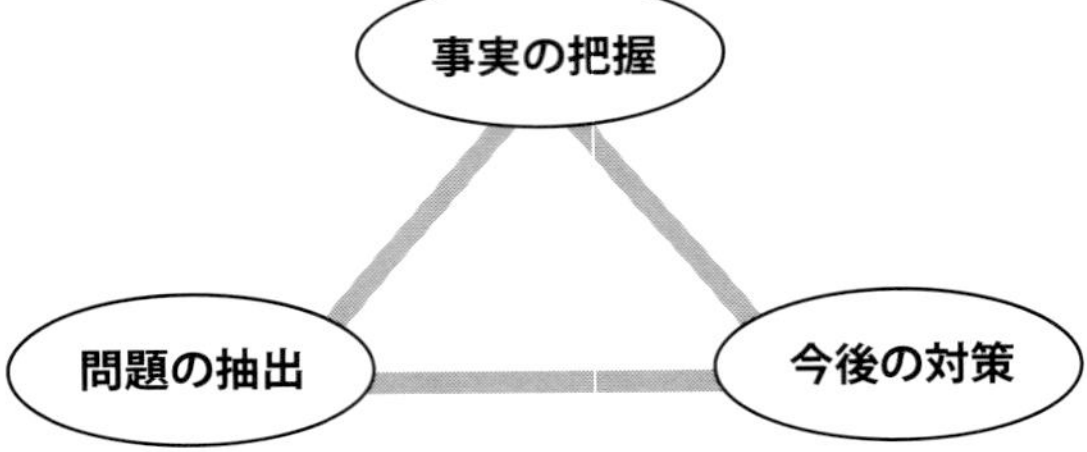

MBA的発想

■課長自ら3つのポイントに絞り込む

報連相を受けディスカッションを進める前に、簡単に3つのポイントで話を進めるようにアドバイスをしよう。

「佐藤君、A社の件だけど、たぶんポイントは3つあると思うんだ。まず初めに、A社への提案活動で何が起きているのか。2つめは、何が問題になっているのか。3つめのポイントは、これからどうしたらよいのか。この順番で議論をしていこう」

佐藤君が説明を始める。きっと彼は結論からではなく、詳細な事象から話を始めてしま

Point

●事実の把握
⇒　A社への提案活動で何が起きているのか　など
↓
●問題の抽出
⇒　契約に向けて何が問題になっているのか　など
↓
●今後の対策
⇒　これから何をすれば契約できるのか　など

あらかじめポイントを3つに絞れば現状の把握から解決までの道は早い

うだろう。そんなときは、ある程度彼が話をした時点で、こう切り出そう。

「つまり、いろいろと提案はしているし、A社にもうちに対してのニーズはある。しかし、いくつか問題があって、まだ受注できていないってことだね」

次に2つめの問題点では、彼の説明を聞いたうえで、「ということは、価格の問題と、技術の問題、そして佐藤君が忙しくてなかなか対応できていないという3点が原因で、まだ受注できていないんだね」と要点をまとめる。彼がこの3つが問題だと理解できたら、最後のポイントである対応策について考えよう。

「それじゃあ、3つめのポイント〝どうしたらよいか〟について考えてみよう。まず、価格対応はどれぐらいにしたらよいのか。これはA社からもう少し具体的な価格を聞き出すことが必要だろうね。技術的な問題に関してはA社の要求にどこまで応えられるのかを技術部と相談する。それで対応が可能そうだったら、再度プッシュ。そのときは僕も一緒にA社に行って、セールスを手伝うよ。もしもだめそうなら、受注の可能性が高いB社に佐藤君の時間を使ったほうがいいね」

このように整理すれば佐藤君はまた、自信を持って営業に出てくれるだろう。

なお、注意点をお伝えする。まず最初に、部下の報連相を受けるときは、頭ごなしに怒ったり、理屈で詰めたりしないこと。これでは部下は萎縮してしまい、彼らの豊富な現場ネタが上がってこない。ネタがなければ問題点も解決策も見えてこない。次に、解決策がみえても、課長だけの力だとは思わないこと。部下はあなたのパートナー。彼らの脳みそを組み合わせることで、仕事はうまくまわっていくのだ。

最後に、課長に報連相をすると問題点がクリアになると思われれば合格。整理して考える頭の使い方を部下もできるようになれば、さらに課の生産性は向上するだろう。

Case Studyの解答

a △　できるだけ時間をかけて、真摯な姿勢で部下の報・連・相と向かい合う

b ×　部下を成長させるためにも、報・連・相の根底にあるロジックを徹底的に批評する

c ○　一緒に答えを出すことを目的に、論点を整理しながら考えをまとめていく

a じっくりと真摯な姿勢で部下と接することは、信頼関係を築くうえでとても大切だ。しかし、あまり時間をかけすぎては時間が足りない。3つのポイントでまとめる手法が必要。**b** コンサルティング会社などでは、相手に精神的なプレッシャーをかけて、無理矢理成長をうながすことがあるのは事実だが、一般の会社でここまでやる必要はないだろう。問題を解決し、答えを出すことを目的に、効率的な議論をしたい。**c** ポイントを3つにまとめることで論点を整理し、そこから部下と一緒に答えを探し出していく姿勢が「できる課長」が身につける手法だ。マジックナンバー3を活用しよう。

大手チェーンの直営店のコスト削減案をまとめるように宿題を出されたが…?

何でも時間をかければよいってわけじゃない!

Case Study

直営店のコスト削減計画という、大きな仕事を任された。これまで経験のない仕事で、どう進めたらよいのか。店舗家賃などの直接コスト削減と、販売促進費などの間接コスト削減についてシミュレーションが必要なのは分かった。次のステップは各コストの具体的な削減目標だ。今後の作業で、どの選択肢が適切か。

a 短い時間でもよいから、早めに社内のエキスパートたちに相談する

b コスト削減の書籍を買い集め、アイデアを見つけ出す

c じっくりと熟考し、自分の納得がいく答えが出るまで粘り抜く

■時間があるのに、有益な結果が出せていない

解決策を模索しているのか、ただ仕事をしている感を出したいためなのか、出口が見えず、緊張感もなく続いていく会議。あるいは、企画書をまとめあげる必要があるのに、完全に煮詰まってまったく頭も手も動いていない状態。

5分程度の隙間時間を利用して、さっと考えるための準備はできるようになった。しかし、いざ、じっくり考えようとすると、ぱったりと思考が止まってしまう。それでも、無理やり考えきろうとするのだが、結局たいした成果も出せず時間だけが過ぎていく。

時間や資源をどんどんつぎ込んでも、徐々に生産性が低下することを「収穫逓減の法則」という。MBA修得者がうまく時間を使えるのは、収穫逓減の考え方を身につけているのも理由のひとつだ。生産性が下がってきたら、さっと切り替えて次のことに取りかかる。あるいは生産性を上げるために、ちょっと目先の作業を変えてみるといった手法をうまく使っているのだ。

本項では、時間を効率的に使って頭をフル回転させる方法について紹介する。

収穫逓減の法則とは…

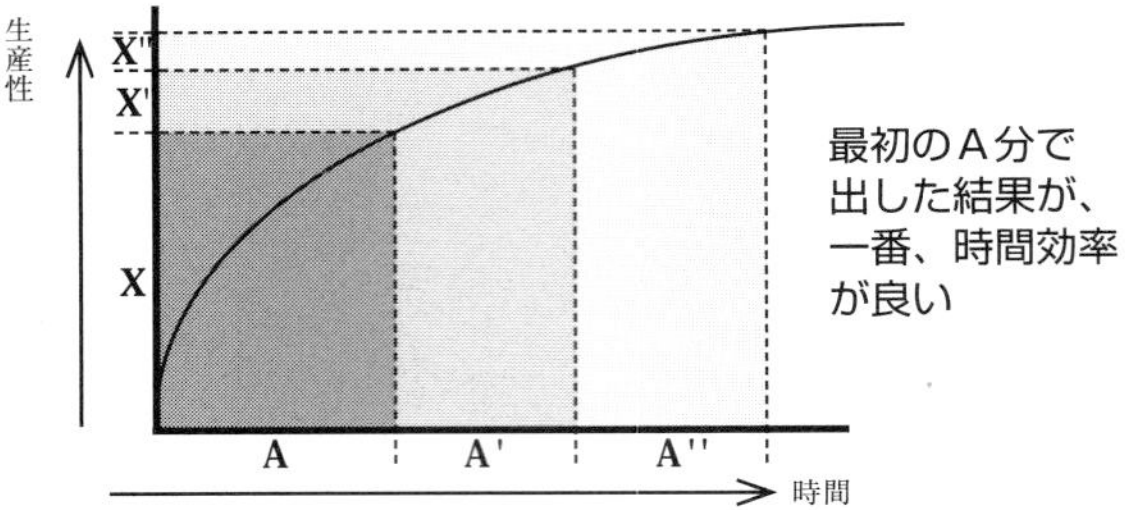

■どんなに時間をかけても、生産性は逓減していく

吉田課長は大手チェーンの店舗開発・管理の担当だ。ここ数年、店頭での価格は下降の一途で収益性も悪くなる一方。そこで直営店のコスト削減案について企画を出すように、上司から宿題を出された。

数日前に、店舗家賃や水道光熱費などの直接コスト削減方法と、販売促進費や広告宣伝費などの間接コストの削減方法についてシミュレーションが必要という点までは、隙間時間でメモにまとめた。

しかし、表計算ソフトを使ってのシミュレーションには、多くの前提条件を設定する必要があるが、誰かにヒントをもらうことができず、すべて一人で考えようと悩んでいる。まさに収穫逓減の法則の典型例だ。では、吉田課長はどう改善すればよいのか。

脳みその使い方

①まず隙間時間を活用できているか？

隙間時間を作れるようになったはいいが、せっかく利用した隙間時間が役に立たない。実作業の場面で、大量の時間がかかってしまう。

それはひょっとしたら、隙間時間の使い方が間違っているのかもしれない。

②進まないときは、ざっくり考えてみる

完璧なものを作ろうとしすぎて、まったく作業が進まない。そんなときは、まずざっくりと物事を考えてみる。そして、その次に具体的なアクションを考えていく。収穫逓減を身につければ、無駄な時間がみるみる減っていくのだ。

③エキスパートに相談する

自分の専門外の知識や分析が必要なときは、その分野のエキスパートに相談し、現実的な議論をしたほうがよい。

新しい刺激を受けるかもしれないし、問題解決に向けたヒントがもらえるかもしれない。

④ディスカッションによって決定

刺激的な材料を持ち寄って、多くの人とディスカッションし、多くの情報を得よう。

考えたつもりになって、ひとりでウンウンうなる時間が、もっとも無駄だと気づくはずだ。

コマ切れ時間の組み合わせ

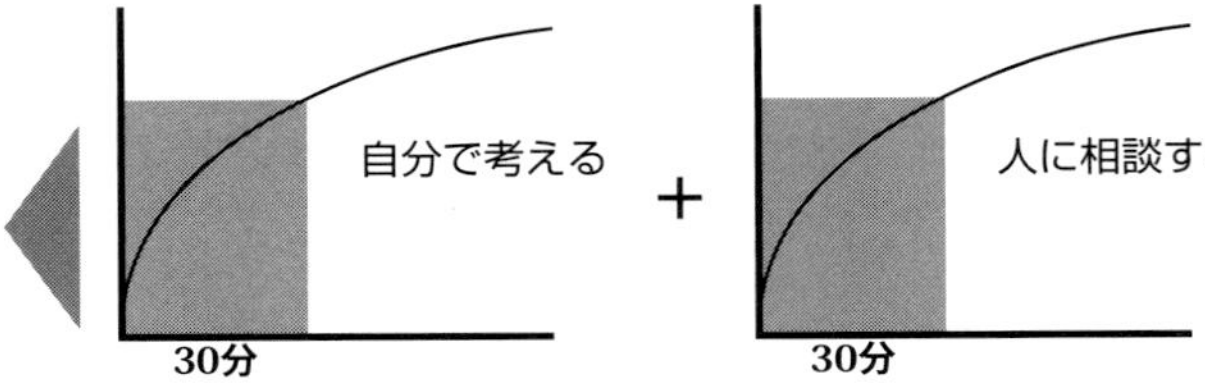

周りの"脳みそ"も活用する

MBA的発想

■頭の回転の〝おいしい〟部分を使う

吉田課長は、考える能力をフルに使うために何をすべきか。彼の仕事の進め方を見ると、時間の使い方だけでなく、頭の刺激の仕方も間違っていることが分かる。

自分の脳みそだけをフルに回転させても、考えられることはたかがしれている。であれば、分からないことがあったら、まずは知っている人に、考えを前進させるための情報をもらいにいくことが大切だ。

吉田課長の場合、店舗家賃の削減シミュレーションで、とりあえず現状の30％削減ぐら

Point

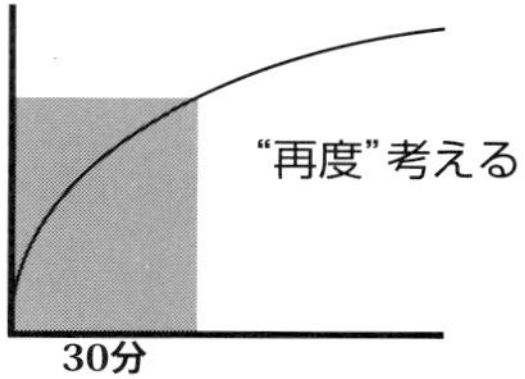

ひとりで90分間
唸って考えるよりも、
30分ずつのコマ切れ
時間で考える効率を
上げるほうが、
〝よい仕事〟ができる

時間をかけた分の結果が、必ずしも出るわけではない。時間は有効に活用しよう。

いかなといった、ざっくりとした感覚で数字を作ってみるとよい。

そのうえで、その30％という目標数字が現実的か、具体的にどんなアクションが必要なのかを、社内のエキスパートを訪ね、聞いてしまえば済むことだ。そして社内エキスパートと議論することで、自分では考えもしなかった新しい材料をもらうこともできるだろう。自分の頭が一番おいしく回転する短い時間を利用するためには、刺激してくれる情報をたえず取り込んでいく努力が必要なのだ。

仮に、社内エキスパートと議論するまでに時間が空くのであれば、ほかの項目についても、とりあえずの数字とそのロジックを作っておく。短時間で違うことを次々とこなすことで、頭が動くおいしい時間帯を継続して使うことができる。

もちろん、刺激は社内エキスパートからの意見だけにとどまらない。資料に目をとおす、参考文献を斜め読みする、ウェブサイトで関連する情報を調べるなど、いくらでも刺激は得られる。そして、刺激を得たあなたの脳みそは、自分でも気持ち良いくらいに回転し始めるだろう。このような〝脳力〟の高さを実感することで得られる満足感は、高いモチベーションと集中力をもあなたに与えてくれるはずだ。

収穫逓減によって生産性が落ちるのは、だらだらと続いてしまう会議でも同じ。この煮詰まり感を避けるには、まず会議が始まる前に簡単な手書き一枚資料や分析結果など出席者の頭を刺激できるような材料を用意しておくとよい。これだけでも、口頭説明よりはるかに参加者の脳を刺激できるだろう。また、解決策が出ないときは会議を切り上げ、新しい材料集めをみんなで分担し、数時間後にまた集まる。次に集合したときは、別の刺激が参加者全員の頭に与えられて、複数の脳みそがいっせいに回転し始める。これなら、解決策が生まれる可能性は高くなるだろう。

Case Studyの解答

a ○ 短い時間でもよいから、早めに社内のエキスパートたちに相談する

b △ コスト削減の書籍を買い集め、アイデアを見つけ出す

c × じっくりと熟考し、自分の納得がいく答えが出るまで粘り抜く

a 自分ひとりでできることには限界がある。シミュレーションの前提を仮設定したら、すぐに社内でコスト削減に詳しいエキスパートから情報をもらうのが効率的な仕事の進め方だ。

b ピンポイントで欲しい情報が見つかるのであればこの選択肢も正解だが、まずは身近なところに聞いてから、より詳細な情報を書籍で補完する方が現実的だろう。

c 自分に土地勘がない業務で、いくら一生懸命考えたところでアイデアは出てこない。まずは、さっと基礎情報をインプットして、脳みそを活性化させることが先決。じっくり熟考していても、材料がなければ何も答えは出てこない。

人は忘れてしまう生き物。思いついたら「書きとめる」ことが重要だ。

Case Study

考えるときに手を動かすと仕事の効率が上がり、発想力も高まると教わった。それを早速実践しようと思っているのだが、大量の資料を目の前に、一体どうやって手を動かしたらよいのか分からず、途方に暮れている……。

次のうち考えるときの手の動かし方として、ふさわしいのはどれか。

a 指先でペンをまわして、脳みその動きを活性化させる

b 気がついたことや、その場で思いついたアイデアは資料に書き込む

c オーケストラの指揮者のように、一定のリズムで手を振りながら考える

■浮かんだアイデアをうまく引き出すのはなかなか難しい

考え抜いて、素晴らしいアイデアを引き出すためには、まずは材料を集めることから始まる。現状で、何が分かっているのか、何を持っているのかなどを目の前に並べてみる。頭を刺激する材料を山のように集めるのだ。

次に集めた材料を使って考える。しかし、ただぼーっと資料を眺めていても駄目。何か面白いことを発見できないか、何かすごいビジネスのアイデアが浮かんでこないか意識しながら、次々と斜め読みしていくことが大切だ。情報を吸収していく感じの脳みその使い方をするような感覚を持とう。

もちろん、ただ闇雲に考えても頭は回らない。ここでも「why」「so what」の2点を意識しながら、作業を進めていくのだ。すると、突然素晴らしいアイデアが考えつくことがある。そんなときは、「われながら、すごい発想力だ」と自画自賛してしまう。ところが、興奮のあまり焦点がぼやけ、「あれ？　具体的にどうするんだっけ？」とうまく形にして説明できなくなる。折角のアイデアもアウトプットできなければ意味がない。本項では、アイデアの引き出し方について考えよう。

考えるための技

とにかく材料を目の前に集める
⇒ 資料や情報 など……

⇓

「why(なぜ)」と、「so what(だからどうする)」
について考えてみる

⇓

思い浮かんだ考えはすべて書き留める
⇒ 色のついたペンで書くと効果的

■書くことで、アイデアは進化していく

考えついたことはとにかく何でも書き込んでいこう。書きとめることで、脳みそがさらに活性化する。そしてその書きとめたものが新たな材料になってブレークスルーに近づいていくのだ。

また、考えながら足りない情報についてもリストアップしていこう。頭が回転し始めると、次のレベルの情報が欲しくなっていくものだ。例えば、「こんなアイデアが浮かんだけど、これがうまくいくかどうかについては、さらにこんな情報が必要だな」といった具合だ。

このように「考える」「書く」「また考える」といったプロセスを繰り返すことで、アイデアはどんどん進化していくのだ。

脳みその使い方

①材料をそろえる

新しいアイデアを生み出す前には、できるだけたくさんの資料(材料)を集めよう。

脳みそを活性化させるためには、多くの刺激(情報)が必要だ。

②材料を使って考える

資料をだらだら読んでも駄目。

目の前の文字の中から、とんでもなく面白いアイデアでも浮かばないか、何か新しい発見がないかと、気を抜かずに目をとおそう。

③何でもかんでも書きとめる

頭を使うときは同時に手も動かす。目の前の情報から新しいアイデアが生まれたら、走り書きでもよいので、紙資料の端っこにガンガン書き込もう。

資料はモノクロ、書き込みはカラーペンで行うと、あとから整理しやすい。

④ホワイトボードを併用しよう

会議に参加している面々の気持ちや意識を集中させるためにも、ホワイトボードは効果てきめん。

項目を書き出して議論すれば、情報の共有だけでなく、新しいアイデアの創発に結びつくものだ。

アイデアの進化

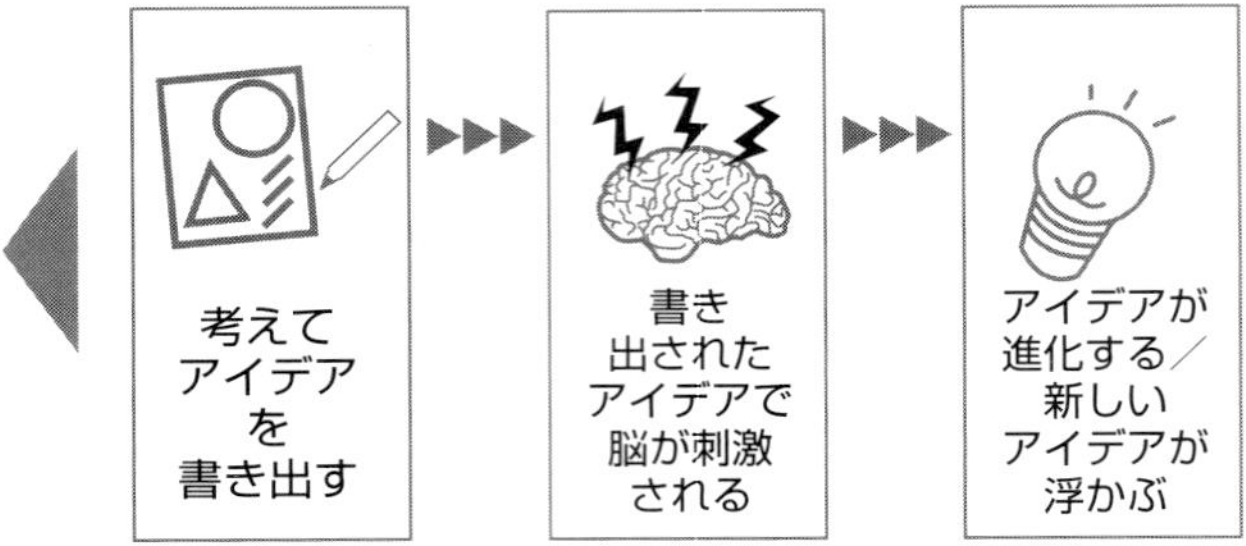
考えて
アイデア
を
書き出す
書き
出された
アイデアで
脳が刺激
される
アイデアが
進化する／
新しい
アイデアが
浮かぶ

MBA的発想

■社員旅行でどこに行って何をするか……

各自が資料を読みふけって、なかなか会議が始められない。そんなときこそ、ホワイトボードに材料を書き出しておこう。メンバーの意識がホワイトボードに向けられるし、同時に頭が動き出すからだ。

例えば、「社員旅行はどこに行って何をしようか」といった内容のブレーンストーミングをする場合、どのように会議を進めていったらよいだろう。

まずは、これまでに行った場所と何をしたのかを、ホワイトボードにリストアップして

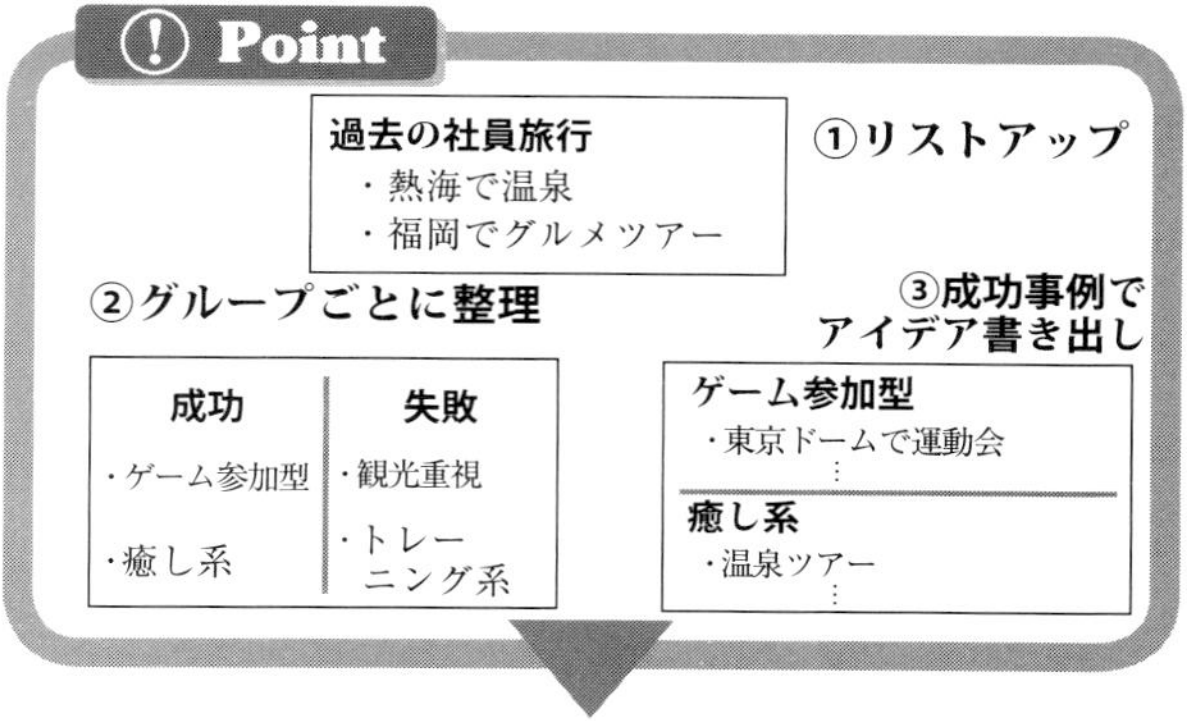

ホワイトボードを活用すれば、分析項目が明瞭になり、アイデアの進歩が早まる

おく。何がテーマだったか、何をしたか、どんな行事が受けたか、参加者に思い出してもらいながら、過去についてまとめてみる。次に、リストアップされ、いろいろな関連情報が盛り込まれたホワイトボードの内容を、何らかの枠組みで整理すると面白いことが発見できる。

例えば、これまでの旅行は、観光重視系や、ゲーム参加系、トレーニング系、そして癒し系の4つに分類できて、なかでもゲーム参加系と癒し系の2つが特に成功したことが分かったりする。ホワイトボードの余白か、次のページを使って、このようなことをまとめてみよう。

これで、リストアップされた内容がより整理されて、次に考えるための準備ができてくる。

次に、これまでの成功事例を踏まえたうえで、今年はどんな内容で社員旅行をするのか、ブレストを開始する。そして、具体的にどんな社員旅行にするのかを考える際には、ホワイトボードにまとめた内容が役に立つ。今回も癒し系でいくかそれとも、新たなジャンルに挑戦するかなど、どちらにしても、「なぜそう考えるのか」「ではどうしたらよいのか」といった内容について、ホワイトボードを介して、ブレストが盛り上がり、参加者の脳みそが刺激され、よいアイデアが出てくるだろう。

ここでひとつティップスだが、ホワイトボードは、プリントアウトできるものだと、より多くのベネフィットを享受できる。コピーして持ち帰ることで、次の機会に議論を発展させるための下準備にもなるからだ。また、ホワイトボードに書き込むときも、あとで書き写さなくてよいので、気兼ねなくいろいろな内容を盛り込むことができる。これもまたプリントアウトできるホワイトボードのメリットだ。

さあ、うまく手を使うことで、考える潜在能力を最大限に引き出そう。

Case Studyの解答

a　?　指先でペンをまわして、脳みその動きを活性化させる

b　○　気がついたことや、その場で思いついたアイデアは資料に書き込む

c　?　オーケストラの指揮者のように、一定のリズムで手を振りながら考える

a くるくると指先でペンをまわすことで、思考力が上がるのかは不明。医学的な根拠についてこの場では証明できないので、何とも評価しがたい。

b 新しい情報に触れることで脳みそは確実に活性化され、その瞬間にいろいろなアイデアが湧き出てくる。

またwhyとso whatを駆使して、物事の因果関係がクリアに見え、それによって考えが深まる。後から見直すためにも、どんどん資料に書き込む習慣をつけたい。

c これも選択肢 **a** と同様で、医学的な根拠については不明なので、今回の問題「ふさわしいのはどれか」の答えにはならない。

「言わない」のは「考えていない」のと同じ

ふと、新しいアイデアや意見が浮かんだら…。そんなとき、あなたならどうする？

Case Study

あるとき、ふと面白いアイデアが浮かんだ。これまで自分の中では思いついたことがないようなアイデアで、われながら斬新で効果のあるものではないかという気がしている。昨日見たテレビ番組がヒントになっているのかもしれない。

そのアイデアを生かすために次に取るべき行動として、どれが適切か。

a とにかく誰かに話して、反応をもらいながら進化させる

b さらに凄いアイデアに進化するまで、ひとりでじっくり考える

c 自分のアイデアは取るに足らないものだと割り切り、すぐに忘れる

■MBAの学生はよく喋る

もともとアメリカ人はよく喋るタイプが多いが、世界中からやってくる各国のクラスメートたちも、それに輪をかけて喋り倒す迫力があり、最初はとかく圧倒された。特に、「黙して語らず」が美徳の日本人は、世界観の違いに戸惑うばかりだ。

授業では、アグレッシブな彼らに割り込んで、つたない英語で緊張しながらも発言をしないと、クラス参加点がもらえない。もはや、「沈黙は美徳なり」などと言ってはいられないのだ。意見を言わない生徒は、クラスに貢献していないというレッテルまで貼られてしまう。思い返すだけでも、苦しい日々だった。

しかし、とはいっても人間は順応する生き物で、多少の個人差はあれ、日本人MBA学生も、無理やりにでも自分の意見をいろいろと言える習慣がついてくる。英語は次々と言葉をつなげて、まくし立てるように喋ることができる文法の構造なので、ベタベタな日本人英語でも立ち向かえるようになってくるのだ。そして、そのうちに、自分の意見を言うことのメリットの多さに気がつく。

本項では、大事なことを伝えるための手段と活用法について解説したい。

MBAでの常識

自分の意見を発言しない＝何も考えていない！

↓

とにかく事前に考えて、
発表することが、習慣づけられる

↓

無理やり考えるクセがつくことで、
考える能力も格段に高まっていく

■持ちネタは思いついたその場で使う

何かを考えついたとき、それを持ちネタとして隠し持っておいて、必要なときに宝刀を抜こうと考えてしまうことがあるだろう。素晴らしいアイデアを考えたときなどは、特にそう思うものだ。

しかし、一人で抱え込んでいては、そのアイデアを磨き上げるようなヒントを得て、その持ちネタを本当に凄いアイデアにブラッシュアップさせるチャンスを消滅させてしまう。

とにかく、持ちネタは考えついたその場で使いきってしまおう。そうすれば、また次に向けて考えようと思うものだ。そしてまた、誰かからヒントをもらってすごいアイデアに仕上がったとしても、それはやっぱりあなたのアイデアなのだから。

脳みその使い方

①思いついたことは、その場で言おう

何かを思いついたら、たとえそれがモヤモヤとしたものだとしても、どうにか言葉にして誰かに言ってしまおう。

記憶にずっと残るということは、ほとんど無いのだ。

②誰かに話すことでブラッシュアップをかける

考え方のポイントを、まだ形になっていなくてもすぐに話し始める。

聞いた相手の頭が回転し始めたら、意見を聞いてブラッシュアップをかけよう。

③進化した内容を整理する

だんだんと考えがまとまってきたら、次は話す内容をきちんと整理し、必要な情報を選び出そう。

足りない部分は、あとからでも補える。

④相手にも「話しやすい」環境を

思いついたことを話す相手が欲しければ、まず自分が「話しやすい人」になればよい。

こうすることで、お互いさまになれるし、自分の頭の回転力も上がるだろう。

アイデアをアウトプットする

“ちょっと1分”といって、同僚や上司に話しかける
留守電やメールを活用して考えたことを伝える
思ったこと、考えたことをすぐに人に伝えるクセをつける

MBA的発想

■考えやアイデアはとにかく発言しよう

まずは、なぜそのアイデアや意見がよいと思えたのか、ちょっとだけ時間を使って考えよう。ただし、あまり時間をかけすぎず、思いついたモヤモヤとした考えのかたまりを言葉に変え、相手にその内容と理由が少しでも伝えられる程度まで固まれば十分だ。記憶は一瞬のうちにどこかに飛んでしまうのだ。

では、次に伝える作業。もし議論の相手がそばにいたら、「ちょっと1分いい？」と切り出して、考えのポイントと、まだ生煮えのロジックを伝える。すると、相手の頭も動き

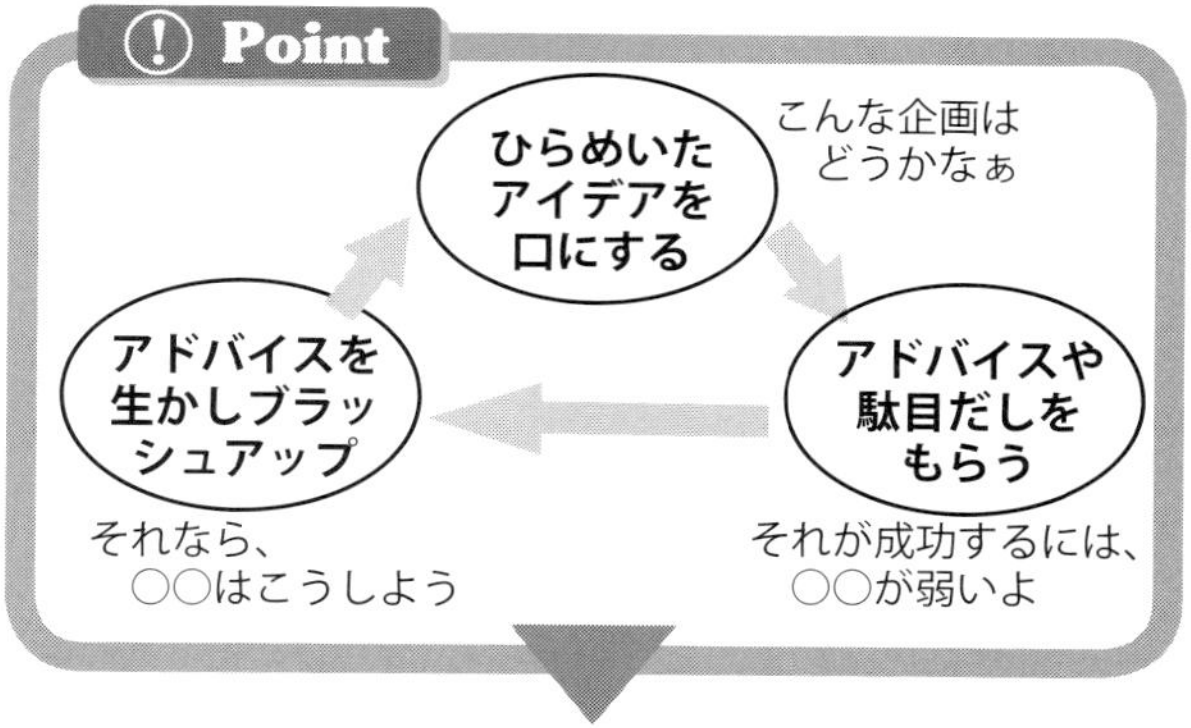
Point
ひらめいたアイデアを口にする
こんな企画はどうかなぁ
アドバイスや駄目だしをもらう
それが成功するには、○○が弱いよ
アドバイスを生かしブラッシュアップ
それなら、○○はこうしよう

相手の頭も刺激され、新しいアイデアが生まれたり、問題解決の糸口がつかめるようになる

始めて意見がもらえる。あなたの考えについてどう思うか、その根拠についてどう考えるのか。こうして複数の脳みそを回転させることで、ふとした瞬間に思いついたアイデアが、すごい内容に進化する可能性が高まるのだ。

もしも伝える相手が不在なら、彼らのボイスメールや留守番電話にメッセージを残しておく。返信がなくても、少なくとも彼らの頭には内容がインプットされるので、後から意見を聞きにいくときに、内容を話す手間が省けるのだ。

とはいえ、あなたが考えついたこと、知っていることを全部話せばよいというわけではない。内容はきちんと整理し、必要な情報を選び出してから話をしよう。

例えば、新しいアイデアを思いついたとき、その背景や必要性について延々と話す必要はない。背景1行、アイデアの内容1行、その根拠について1行の、合計3行分の内容を喋ればことは足りるはずだ。もしも相手がそれだけの情報では頭が回転しないのであれば、後から必要な情報を補ってあげればよい。

また、自分が何かを思いついたときに話し相手になってくれる人材を確保するには、あなた自身も相手にとって「相談しやすい人」「話しやすい人」でいることも大切だ。たとえどんなにテンパっていても、同僚や部下が相談に来たときは、できるだけ受け入れるよう普段から努力しよう。もしも本当に余裕がないときは、そう言えばよい。その内容自体があなたが考えていること、思っていることなのだから。

さらに、部下に対して「よくやっているな」と思ったときや「こうしたらいいな」とアドバイスを与えたいときは、少しだけ何をどう言おうかを考えてから、すぐに相手に伝えよう。言わなくても分かっているはず……などと思わないこと。言わないことは、きちんと部下のために頭を使って考えてあげていない証拠なのだから。

Case Studyの解答

a ○　とにかく誰かに話して、反応をもらいながら進化させる

b △　さらに凄いアイデアに進化するまで、ひとりでじっくり考える

c ×　自分のアイデアは取るに足らないものだと割り切り、すぐに忘れる

a 本書をここまで読み進め、考える手法が身についた読者の方であれば、かなり面白いアイデアを思いついた可能性が高い。

それを人に伝えることで、自分の頭も整理され、さらなる進化が期待できる。

b 収穫逓減を起こさずに、自らロジックのチェックや、新たな情報を注入してアイデアを進化させることもできるだろうが、それが奏功する可能性は低い。

c ここまで自らを卑下する必要はないのでは……。

もちろん、突然、何の根拠もなく湧いてきたものであれば、それは「アイデア」ではなく「思いつき」かもしれないが。

複数でのランチはお店を決めるのも一苦労。でも、MBA的発想でみれば…。

ランチを何にするか決めるのも、考えるトレーニング

Case Study

上司、部下と一緒にランチに行くことになった。それぞれ好みも違い、どこに行くのか考えるのにも苦労する。課長であるあなたは、美味しい料理を食べたいという自分の欲求はもちろんのこと、他のメンバーについても考えたうえで、行く場所を決めなければならない。

次のうち、適切な解答はどれか。

a 自分が行きたいレストランになるよう、うまく質問を誘導する

b 全員にとって最大公約数となる場所を選ぶ

c なるべくメニューが多いレストランに行き、各人の好みを満たす

■できれば、気の合う仲間と好きなものを食べたいが……

本音を言えば、ランチのときくらい、気の合う仲間と、好き勝手に食べたいものを食べて、軽口をたたいて気分転換をしたい。しかし、課長という立場上、部下や上司と一緒に行かないとなんとなく気まずい。しかも「何を食べようか」と聞いても、皆「何でもいいですよ」という返事ばかり。かといって、自分のお気に入りのお店ばかり選んでいては、これまた面白みのない課長だと思われてしまう。いやはや、ランチひとつとっても中間管理職は一苦労だ。

ＭＢＡ留学時代には、ランチで悩む必要はなかった。そもそもの選択肢が少ないのだ。ときどき、わけの分からない講釈をたれるクラスメートがいて、自分がなぜ今日、このとてもまずいサンドイッチを食べる羽目になったのかをロジカルに説明するのに付き合わされたりすることはあったが……。

しかし、思い返してみると、たしかに彼の言っていることも一理ある。つまり、何を食べるか考えることもＭＢＡ的な頭の使い方のトレーニングになる。

さて今回はランチを決めるプロセスで考えるトレーニングを紹介する。

オプション出し

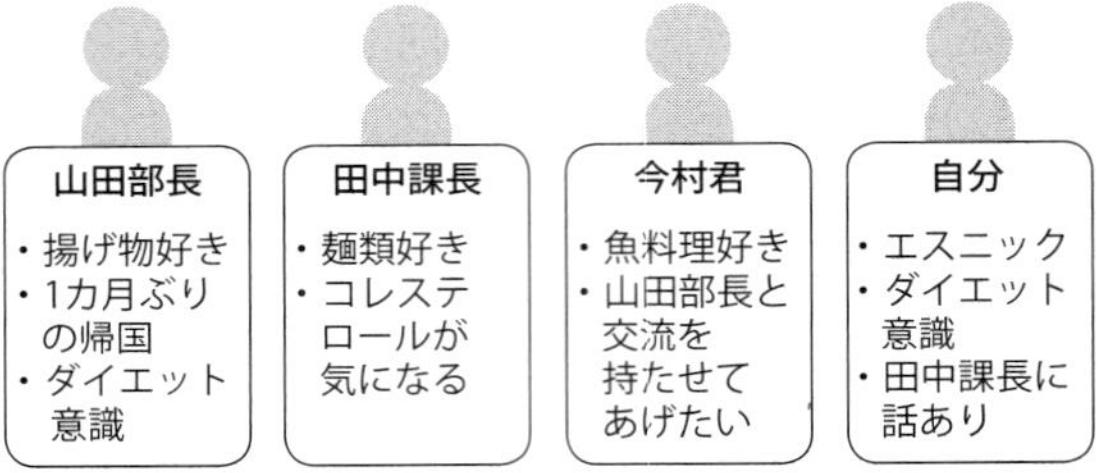

山田部長
・揚げ物好き
・1カ月ぶりの帰国
・ダイエット意識
田中課長
・麺類好き
・コレステロールが気になる
今村君
・魚料理好き
・山田部長と交流を持たせてあげたい
自分
・エスニック
・ダイエット意識
・田中課長に話あり

■オプション出しで、工程の半分は終了

本日のメンバーは、揚げ物が大好きな山田部長、麺類が好物な田中課長、魚が好きな今村君、そしてエスニック好きなあなた。このように、普段から誰がどんな好みなのか情報収集しておくと、選択肢のオプションが作りやすい。

ここでは3つの選択肢オプションを考え出してみよう。ひとつめはアジアンフードの「A」。次に和食の「G」。3つめはイタリア料理の「T」。このように、メンバーの好みを満たす、最大公約数的な選択肢オプションを3つぐらい出せれば、作業の半分は終わったも同然。

では、考えついた3つのオプションから各オプションを評価し、最終的なお店を決定しよう。

脳みその使い方

①ランチを頭のトレーニングにしよう

毎日のランチをMBA的なトレーニングにできれば無駄に使っていた時間を有効活用できる。

考えるトレーニングは、こんな些細なことでも利用することが大切。

②選択肢(オプション)を3つ用意する

日ごろから情報収集をしておくと、選ぶ際のオプションが作りやすい。

とにかく3つのオプションを、ひねり出す習慣をつけよう。しかも、この作業を瞬時に行えるようにする。

③評価基準をリストアップする

選んだオプションから最善の現実解を導き出そう。

評価基準をリストアップし、その優先順位をつけられれば、おのずと比較ができてくる。

④比較・検討

評価基準に照らし合わせて、各オプションを評価する。○、×、△で表してもよいし、ほかの方法でもよい。

手順が正しければ、3つのオプションのうち、どれが正解なのか一目瞭然の結果が見られるだろう。

ランチもトレーニング

材料をもとに、候補を3つに絞る

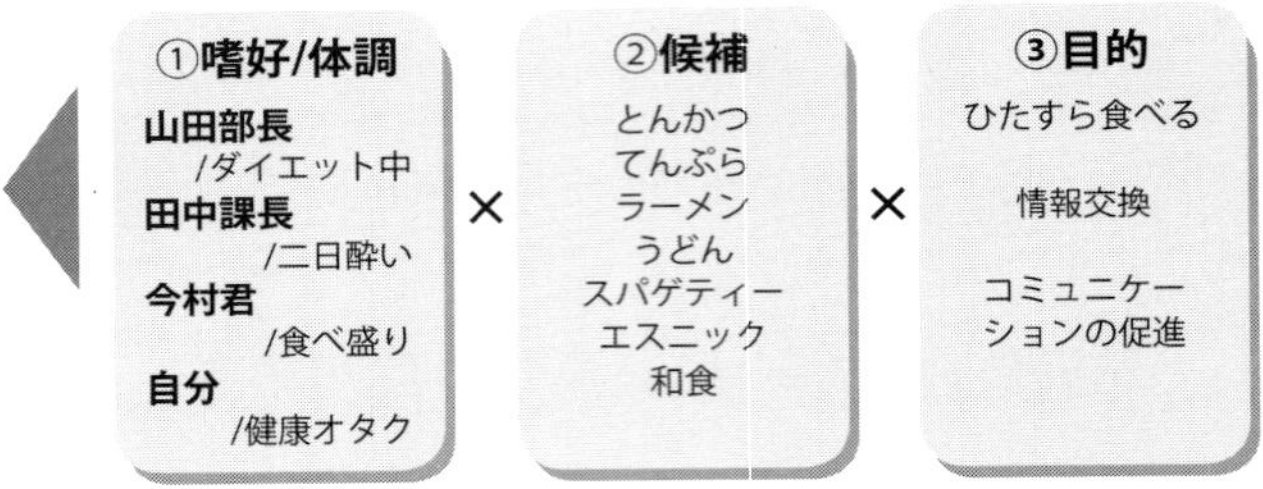

MBA的発想

■比較評価し、ベストチョイスをはじき出す

まずは各店の特徴。アジアンフードの「A」はエスニック料理が充実していて、麺類や揚げ物、魚料理も揃っている。和食の「G」は揚げ物とうどんがうまい。刺身定食も人気だ。イタリアンの「T」は揚げ物は多くないが、どれもオリーブオイルたっぷりで山田部長の好みに合いそうだし、魚介類や唐辛子をふんだんに使ったパスタもおいしい。

では、その3店を比べる評価基準をリストアップしてみよう。例えば、健康を考えてローカロリーなところ、あるいはゆっくりと話

Point

評価基準

	エスニック A	和食 G	イタリアン T
ローカロリーメニューが豊富	○	○	×
ゆっくり話ができて長居OK	○	×	○
どれもそこそこおいしい	○	○	△

オプション出しができれば、あとは比較検討により自然と答え(A)に導かれる！

ができる店、それとも味やメニューの豊富さ、などなど。とにかく瞬間的に、何をもって3つのオプションを評価するのか、といった基準を考えればよい。

次に複数の評価基準の中から、特に重要な3つの基準を選び出し、優先順位をつける。この作業によって、どこに行けばよいのか明確になるはずだ。

一番目の評価基準は、健康を考えてローカロリーメニューの豊富な店ということになりそうだ。同僚の田中課長とあなたは、最近の健康診断でコレステロールの高さを指摘された。また1カ月ぶりに日本に帰ってきた山田部長も、アメリカでの食生活を反省していた。４人中３人が該当するローカロリー食は、まずは最初に検討しないといけない点のようだ（今村君はそもそもローカロリー志向だ）。

２番目に、ゆっくりと長居ができて話ができるお店というのが評価基準になりそうだ。今日のメンバーはとにかくみんな話し好きだし、山田部長がアメリカでの研修帰りなので、向こうで聞いてきた今後の会社の方針や、戦略などの面白いネタを聞きたい。また、今村君と山田部長は、普段直接仕事をする機会も少ないので、こういった機会に交流するキッカケを作ってあげるべきだ。

３番目には、安定した味だろう。いくらいろんなメニューがあるといっても、メニューによって味のばらつきがあれば、まるで嗜好が違う４人の食欲を満たせない。どのメニューもそこそこ、おいしいことが評価基準になる。

それぞれの評価基準を使って、○、△、×で評価し、比較した結果一目瞭然で、本日のランチは決定した。この瞬間オプション作業は、仕事でも応用範囲が広く使える技だ。いきなり最善の解決策を出すのは難しいが、まずはうまくいきそうなアイデアを２つ３つ出してから、それらを進化させていくほうが楽な作業なのだ。

Case Studyの解答

a ×　自分が行きたいレストランになるよう、うまく質問を誘導する

b ×　全員にとって最大公約数となる場所を選ぶ

c △　なるべくメニューが多いレストランに行き、各人の好みを満たす

a これも社会人として身につけておきたい処世術ではあるが、調整役である課長のあなたがこういった行動に出ると、上司からの評価、部下からの評判にも影響が出そうだ。

b かなりもっともらしい響きがするのだが、この最大公約数という言葉は、いったい何を意味しているのか不明だ。

オプション評価で最善の答えを出すというのであれば正解。

c 結果として、意図せずこれが正解になる可能性もあるが、混み合って話もできないようなレストランで、しかも離れた席に座った場合、何のために一緒にランチに行ったか分からなくなってしまう。

「右脳型」「左脳型」をさらに分解したハーマンモデル。これであなたは何ができる?

Case Study

ハーマンモデルという考え方を応用すると、よりパワフルな組織作りがのぞめることが分かった。では、論理的に仕事を進めるタイプ（左脳辺縁系）である課長のあなたは、ヒラメキ型の吉本課長（右脳大脳系）の意見を、どのように受け止めたらよいか？　選択肢のそれぞれの行動について○、△、×で評価してみよう。

a 思いつきでモノを言う傾向がある「右脳大脳系」は極力無視をする

b 全体の意見を理解したうえで発言しているのかを、見極める

c 議論が煮詰まったときにだけ、打開案を出す役割を任せる

■あなたは左脳型？　それとも右脳型？

ネッド・ハーマンが考案した「ハーマンモデル」は、まず脳の使い方から「右脳型」と「左脳型」に分類したうえで、さらに「大脳系」と「辺縁系」に分類した計4つのタイプに分かれている。

「大脳系」は、とにかくあれこれ考えるのが好きなタイプ。世界標準の課長になるための頭の使い方ができるタイプだ。一方の「辺縁系」は、考えることよりも感じることを重視するタイプだ。他人の気持ちを理解したり、ものごとを管理すると いった、生きていくのに必要な項目を感覚的に判断するのだ。大脳だけで極めて論理的にものごとを決めたとしても「それは受け入れられない」といった感覚的な判断が必要なように、「大脳系」と「辺縁系」はお互いに補い合う関係になっている。

この「ハーマンモデル」の狙いは、創造力に富んだ組織を作り上げるためには、異なる考え方をする人が、お互いに足りない部分を補って仕事をする必要があると提唱しているのだ。本項では、どのようにハーマンモデルの考え方を応用して、組織力を高めていったらよいかみてみたい。

ハーマンモデル

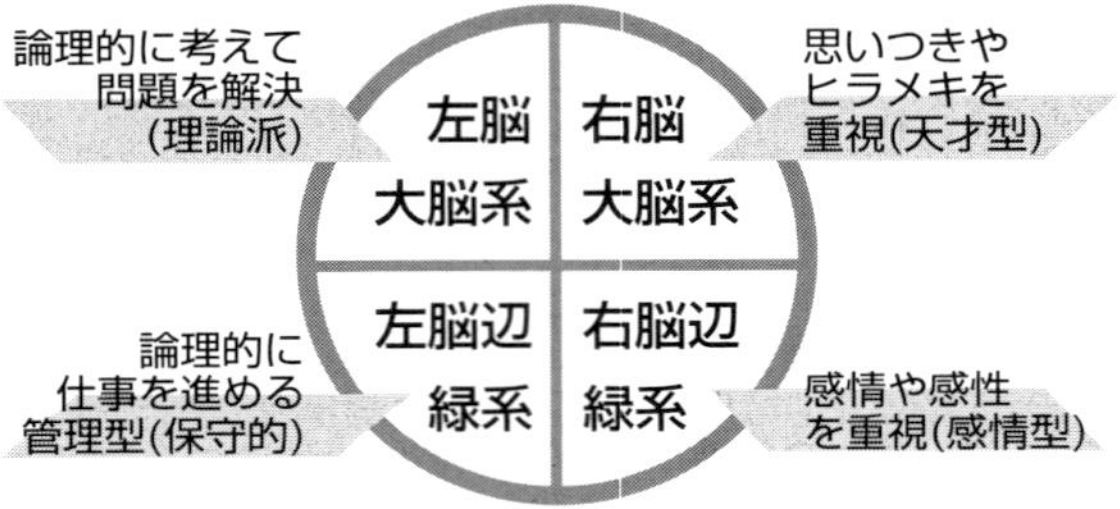

■タイプが違うからこそ補いあえる

「いつも奇抜なアイデアを生み出す天才型」と言われるも、ときどき「なんだか違う世界に行ってしまって、わけの分からないことを言う」ヒラメキで勝負する〝右脳大脳系〟の吉本課長。〝右脳辺縁系〟で、非常に感覚的にものごとを判断する「野生の勘が鋭く、間違った判断をしない動物系」高田支店長。さらに、〝左脳辺縁系〟で保守的だが、支店の販売計画やコスト計画では抜群の能力を発揮し、精緻なものを作り上げる能力がある今野課長。そして吉本課長の部下で数字の分析をさせたら誰もかなわない〝左脳大脳系〟ビジネスマンの川本さん。

さて、この4人の戦略会議での様子をのぞいてみよう。

脳みその使い方

①左脳大脳系

論理的に考えて問題を解決するのが好きなタイプ。

特に具体的な事実に基づいた分析や、数学的な分析能力に長けているといった特徴がある。

②右脳大脳系

パッと思いついた瞬時のヒラメキに重きを置くタイプで、しかも考えるのが好きという特徴がある。

「左脳大脳系」とは対照的に、全体的にものを見たがる傾向がある。

③左脳辺縁系

論理的に感じることを重視するタイプ。

よって感情の起伏をコントロールしたり、計画的に物事を進めたり、きちんと仕事を管理したりすることが得意。

④右脳辺縁系

このタイプは非常に感情的だ。

とにかくそのときに感じることから思考をスタートする傾向が強く、ともするとビジネスには向かないように思われるが、対人能力には長けている。

別タイプが揃えばアイデア強化

MBA的発想

■意外とまとまる？　正反対の4人

まずは川本さんが切り出した。「販売コンテストは商品Aに注力すべきです。商品別の目標率を分析した結果、Aはこのままだと半期の目標を20％近く下回ることは明白です。また、目標達成率のクラス分けですが、これまでのように目標達成率90％から5％刻みで営業マンに報奨金を与える仕組みは変えるべきだと思います」――まさに論理的思考と事実に基づいた分析でゴリゴリと議論を進めていく。

ここで今野さんが口を挟んだ。「川本君の

Point

川本さん
現状分析し、理論的に答えを導き出す

吉本課長
新しいアイデアを次から次へと提案する

否定するのではなく認め補いあっていく

今野課長
現実的な落としどころを探っていく

高田支店長
従業員の気持ちが分かる、組織の長

チームとして最大限のポテンシャルを発揮して、成功に向かって突き進んでいく

言っていることは分かるが、この季節は商品Bの販売でいくべきだと思う。好調なBの勢いを止めたくないし、苦戦しているAも、去年と同様に再来月で構わないように思う。それと、目標達成率に関しても、もともとコンテストの目標は上乗せした数字だし、支店全体での実績を考えると、それはそれで理にかなった内容だと思うよ」――単なる保守的ではなく、きちんと実績を管理するタイプだ。

　すると、吉本課長は何かを思いついたらしく、「やっぱり、目標を振り分けて競い合うコンテスト自体が古いのかもしれない。それよりも、目標を自己申告制にして、達成できた営業マンには報奨金を与えるほうがいいのでは」――ヒラメキ型らしく、新しいアイデアを出さないと気がすまない吉本課長らしい意見だ。

そして、高田支店長がゆっくりと口を開いた。「みんなの言うことは、どれもたしかにもっともな気がするんだが、自分が営業マンの立場だったら、やっぱりここは商品Bのほうが季節的にもしっくりくるし、売りやすい気がするんだ。別に商品Aが悪いってわけじゃないよ。それと目標に関しては、各課別での達成率をクリアしたうえで、初めて個人の目標に合わせて報奨金が貰えるほうが、連帯感ができてよいと思うよ」――いろいろな意見を吟味し、それが受け入れられるのかを感覚でチェックすることで、実行可能な内容に磨き上げていく高田支店長らしい発言だ。

異なるタイプの各人がそれぞれ意見をぶつけあって付加価値をつけていく。最終的な結果は分からないが生み出された案は、事実に基づいて導き出され、なおかつ革新的なアイデアに満ち、実行可能で、さらに実際に対象となる営業マンが気持ちよく参加できるプログラムになるはずだ。このように4つのタイプが互いに補完し合って建設的な議論を重ねながらアイデアを生み出す術を身につけてほしい。

Case Studyの解答

a ×　思いつきでモノを言う傾向がある「右脳大脳系」は極力無視をする

b ○　全体の意見を理解したうえで発言しているのかを、見極める

c △　議論が煮詰まったときにだけ、打開案を出す役割を任せる

a 自分と違う思考回路を持った仲間を無視するのは、人間の脳が持つ潜在的な力を使い切らないということ。吉本課長の脳みそが、最大限にパワーを発揮できるよう働きかけよう。

b 考えるのが好きで、新しいアイデアを生み出すことに長けている「右脳大脳系」は、正しい情報を与えると大活躍する。

そのためにも、ちゃんと他の意見を聞いているかチェックすべきだ。

c 「右脳大脳系」の使い方として間違ってはいないが、議論が煮詰まったときだけしか稼動しないのではもったいない。

できるだけ上手に、議論の流れに参加してもらうことが肝要。

発言しない奴は会議に出るな⁉

まずもって、会議は発言するための場所だと気合いを入れて臨むようにしよう。体中をアドレナリンで充満させて、リングに上がるボクサーのような勢いで参加する（MBA時代にクラス参加が求められる授業に出るときには、まさにこんな気分だったのを思い出す）。この気持ちを持つだけでも、あなたにとって会議が有意義になる可能性は高まるだろう。

ただし、ただ闇雲に発言しようと思っていても、頭が回転しなければ単なる雑音に終わってしまって迷惑なだけ。実りの多い会議にするためにも、事前に考えをまとめておくことは最低限しておかなければいけない作業だ。

具体的には、5分でよいから、会議でどんなことを発言しようか考えておく。会議の内容は事前にメールなどで知らされているはずだから、さっとそれに目をとおして、瞬間的に頭を回転させて簡単なメモか何かを作っておくとよい。あなたはほかの参加者から意見を求められる立場にいる。それが課

Column

長としてつけられる付加価値なのだ。

もちろん、会議は事前に予定していた内容だけで進んでいくことは少ない。予期しなかった内容や議論に発展していくことが普通だし、そのほうが建設的な会議だ。そうなった場合でも、課長としてきちんとまとまった意味のあることを発言することはできる。事前に準備するのと同様に、瞬間的に頭を回転させるという技を使いこなせれば発言できるはずだ。

また考え方の整理は、喋りながらでもできる。とにかく考えを吐き出す。そのために神経を張り詰めておく。

あるいは、何か考えが浮かんだら手元のノートにさっと書いておこう。そして、後からまとめて発言するという手もある。このほうが整理された内容を発言することができるし、慣れないうちは、この技のほうが成功確率は高い。要点がまとまっていて、論理構成がしっかりした話は、参加者から受け入れられる可能性も高くなるだろう。

こういった技を使って会議に出る習慣を身につけると、面白いように発言ができるようになってくる。そして、なぜほかの参加者はちゃんと考えようとしないのか、発言しようとしないのかと思うようになる。この段階まで成長できたら、次に気をつけないといけないことがある。

考えはまとまっていないが、とにかく発言しようとする熱意がある部下や同僚もいるはずだ。しかしながら、彼らはトレーニングを積んだあなたのようにはスパっと切れのよい発言がまだできない。そんなときにロジックで攻め上げてしまっては、せっかくの彼らのモチベーションを下げてしまう。

そう、考えがまとまっていないけれども発言する意欲のある人に対しては、高圧的にならないように心がけて、相手の意見をまとめてあげよう。「つまり、こういうことが言いたいのかな?」といった具合に。その発言が終わったあと、ポイントをまとめてあげることも、あなたの付加価値なのだと思いながら。

第3章

MBA的自己研鑽術

新聞を斜め読みして、切れ味鋭いロジックを鍛える

新聞をきちんと読みたいが、熟読する時間がない。無駄なく情報収集する術は…？

Case Study

社会人になってからずっと、習慣として新聞をとってはいるが、ほとんど活用できていないと実感している。毎月お金を払っているのだし、この貴重な情報ソースを材料に使って、課長力を向上させるトレーニングを積みたいと考えている。

さて新聞を読んで考える力を高めるためには、どの選択肢が適切か。

a すべての記事をじっくり読み込み、知識を増やす

b 短時間で事実（ファクト）を拾い出す力を身につけるべく、斜め読みする

c 記事の裏にあるロジックの流れを把握することに集中する

■新聞は、考える材料の宝庫

新聞は貴重な情報ソースだと、毎日、眠い目をこすりながら目をとおす。または通勤時間を活用して、折りたたんだ新聞をじっくりと読む。いずれにせよ、新聞に目をとおしていることには間違いがないし、上司や客先との会話にも困らない程度のそれなりの情報収集はできているだろう。

しかしながら、世界標準の課長としてふさわしい新聞の読み方をしているかといわれれば、うたがわしい。単に新聞を読んでいるだけでは、頭の使い方の基礎トレーニングにはならないし、単なる情報ソースとしてしか、新聞を使っていないのだとしたら、もったいない話だ。

ＭＢＡの学生時代は、新聞を読み込むトレーニングが日課だった。授業のなかでも、「今朝のＡ新聞の記事について」スタートすると、クラスメートたちはこぞって、発言を繰り返す。日本関連の記事が出たときなどは戦々恐々だ。なんとか授業を乗り切れたとしても、そのあとに、クラスメートから「あれってどうして？」と質問攻撃にあう。とかく新聞はいいトレーニングになったのは間違いないだろう。

記事に隠れたロジックとは…

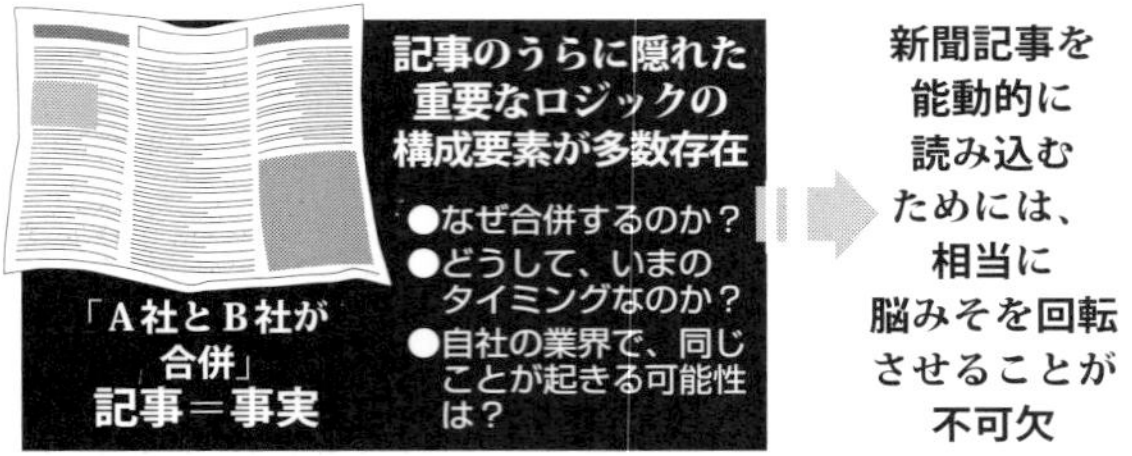
「A社とB社が
合併」
記事＝事実
記事のうらに隠れた
重要なロジックの
構成要素が多数存在
●なぜ合併するのか？
●どうして、いまの
タイミングなのか？
●自社の業界で、同じ
ことが起きる可能性
は？
新聞記事を
能動的に
読み込む
ためには、
相当に
脳みそを回転
させることが
不可欠

■新聞記事に対し、何故?を繰り返す

新聞記事は、極めて優れた情報ソースだが、ニュースの背景や、起こった原因について、もう一歩突っ込んで深く考え、事象の裏側をえぐり出そうとする説明は多くない。世界標準の課長なら、新聞記事を頭を鍛える材料として最大限に活用し、かつ自分の会社や生活に示唆を与えてくれるレベルになるまでしっかりと咀嚼したいものだ。

例えば、合併の記事なら、パッと頭に入る程度の情報は書かれている。しかし、なぜ合併が起きたのか？　なぜシェアがナンバー1になることが必要なのか？　といった裏側は書かれていない。ならば、自分で考えてみよう。ここが課長としての頭の使い方をトレーニングする出発点になるのだ。

脳みその使い方

①新聞を読み物にしていないか？

新聞はもちろん読むものだが、できる課長を目指すならそれではいけない。

頭を使う道具として、トレーニングに使おう！

②新聞記事に対して、突っ込みを入れる

当たり前のような語り口調で書かれた記事に、とりあえず突っ込みを入れよう。

「なぜ？」「だからどうした？」という突っ込みは、事実の背景までも考えるよい材料なのだ。

③記事の事象を自分の会社に生かす

他社同士の合併記事や、経済的なニュースなど、自社ならどうするか、なぜ合併に至ったかなどを考えることで、自社の今後の方向性について、示唆が得られる可能性がある。

④必要な内容だけを読む

頭を鍛えるトレーニングとして記事を読むなら、自分が知りたい内容と関係ないものは、斜め読みでどんどん読み飛ばそう。

考えるためには、大体の中身で十分だ。

記事に隠れたロジックとは…

新聞記事から
ファクト(事実)を
瞬時に理解する力を
身につける

MBA的発想

■目的があれば、斜め読みで十分

新聞記事について、しつこいぐらい「なぜ(why)」を考える。そして、「なぜ、合併の必要があったのか」といった突っ込みをいれたら、「今後永続的に成長していくためには、合併により企業サイズの拡大が必要なのだ」といった答えを、その業界の特性から類推してみることが大切だ。

さらに、これらを自分の会社にとって実になる情報へと進化させたい。考え出した事実の背景から、「だからどうすべきか(so what)」について考えてみるのだ。ここまで

Point

記事の裏にあるロジックの流れをくみ取り、自社(自分)にとって有益な情報にする

why/なぜ ＋ **so what/だからどうする**

ロジカル・シンキングの能力が飛躍的に高まり、新聞を読むことが毎日のトレーニングになる。

考えることができれば、朝刊の記事も、考える武器として身につくのだ。

ここで説明した「考えるプロセス」を踏んで、新聞記事を使える武器の材料として利用するには、記事をじっくりと熟読する必要はない。最初から、「なぜ」「だからどうした」という突っ込みの言葉を常に頭の片隅に置きながら、必要な情報をピックアップしていけばよい。つまり、頭を鍛えるトレーニング材料として使うという目的に沿って読み込んでいけばよいのだ。

よって、自分の知りたい内容にはあまり関係ない詳細な事実、例えば数字や日時などは読み飛ばそう。考えるには大体の中身が分かっていれば、ことが足りる。

これは、経済ニュースだけにかぎらない。社会面、スポーツ面も同様だし、週刊誌の広告についても同じ読み方が考え方の基礎を作ってくれる。また、仮に専門家が解説をしているとしたら、彼の意見はロジックがとおっているのか。自分の考え方が違っていたとしたら、その根源の理由は何なのだろうかと考えていける。

なお、週刊誌の見出しは新聞記事以上に考えるトレーニング材料になる。何よりも、キャッチーで興味をそそる見出しは目に飛び込んでくるし、考える食指を動かされる。政治家同士のあつれき、経済界の危機説、あるいは芸能人スキャンダルなど、思わず考えてしまいたくなる内容がてんこ盛りだ。そして、週刊誌の広告は、見出し1行あるいはせいぜい2～3行でしか内容が述べられていないから、その裏側にある「なぜ」を類推するいいトレーニングができるのだ。

さらにこうして読み込んだ記事の内容を誰かに話すといい。それにより、あなたのロジックはさらに鋭さを増す。そしてまた、伝える技術のトレーニングにもなる。

さあ、早速新聞を斜めに読み返して、鋭いロジックを鍛えるトレーニングをしよう。

Case Studyの解答

a △　すべての記事をじっくり読み込み、知識を増やす

b △　短時間で事実（ファクト）を拾い出す力を身につけるべく、斜め読みする

c ○　記事の裏にあるロジックの流れを把握することに集中する

a 実際にこの読み方ができれば相当のビジネス知識を身につけられるのだが、毎日そこまでの時間を確保するのは、現実的に難しい人が大半だろう。朝の貴重な時間は、大切に使いたいものだ。

b これもまた、できる課長にとっては必要な能力であるが、それだけでは不十分。

肝心なのは、さっと事実を把握したうえで、そこからロジカルに考える力を養うことだ。

c この読み方を体得できると、短時間に事実や背景を理解する力も同時に向上する。

そこからwhyやso whatを考え抜くことで、ロジカルな思考力は飛躍的に高められる。

知識を意図的に芋づる式に増やす方法

考える力があっても、最低限の知識は不可欠。苦手な分野の知識も増やしたいが…。

Case Study

論理的に物事を考える力を最近少しずつ体得できていると感じている。今後は、ビジネスパーソンとしての守備範囲を広げるためにも、新しい知識をもっと身につけたい。仕事で必要な知識だけでなく、それ以外の分野でも知的好奇心を強めるためにはどうしたらよいか？　次の選択肢で適切なアクションはどれか。

a 興味がある分野や趣味で出会った新情報から、次の知識へとつなげる

b 自分にとって興味がない分野でも、最初は我慢して知識を吸収するよう努力する

c 知的好奇心をくすぐる情報に出会ったら、芋づる式に周辺知識を増やす

■強制的に詰め込まれた知識は、あとで役に立つ

ＭＢＡは考え方について学ぶプログラムだが、同時に大量の知識を詰め込まれるプログラムでもある。もちろん、知っていなければ考えることすらできない科目があるのも事実で、このような授業では毎回毎回、がむしゃらに頭に詰め込んでいった。

考え方を身につけるといった作業も、ある意味では知識の詰め込みなのだが、もちろん、この場合は考え方を使って問題を解決したり、新しいアイデアを生み出したりすることが目的だ。やはり最低限〝使える考え方〟を覚えてないと、何も出てこない苦しみを味わうことになるのだ。

普段からいろいろな知識を身につけるよう努力しておくと、情報収集の時間を短縮できるだけでなく、どのような情報が考えるときに役に立つかといった勘も働いて、効率よく考える作業が進められるようになる。

とはいうものの、知識の詰め込みはかなりの苦痛を伴う作業だ。これを楽しくするためにはどうしたらよいのか、本項ではいくつか考えてみたい。

知識は役に立つ

強制的に
詰め込まれた知識

- **学校教育**
- **仕事で学んだ知識**

自ら楽しんで得た知識

- **趣味の世界**
- **友人からの情報**

強制的に身につけた知識が、
新しい喚起を起こすこともある！

・社会人になってから、経済ニュースが面白くなった
・会計学を覚えることで、会社四季報を読むのが趣味になった

■知識は芋づる式に増やしていく

考えるための基礎体力をつけるために、いろいろな知識を得ることは必要だ。楽しく、しかも芋づる式に知識を増やすにはどうすればよいか。

例えば、さまざまな機能がついている新しいコンピュータを買ったとする。こんなときは、新しい知識を芋づる式に増やす千載一遇のチャンスだ。

常時接続で、セキュリティ対策が必要だ。「では、何をしたらよいのか」。PC雑誌を開くと専門用語が多く、理解するのに少々苦労するが、興味があるだけに苦痛ではない。また、今まで知らなかった便利な機能についても書かれている。ひとつ吸収するたびに、新たな興味が湧いて、さらに調べていく。まさに芋づる式で知識は増えていくのだ。

脳みその使い方

①身近な種芋を見つける

自分の周りに偶然あったものでも、毎日使うパソコンでもよいから、雑誌や書籍を買ってきて、専門知識に触れてみよう。

最初は苦痛だが、次第にラクになってくるはずだ。

②さらに興味を持つようにする

読むことが多少ラクになってきたら、もう一歩踏み込んでみたい。

「この先にあるもの」が知りたくなったら、もう大丈夫。芋づる式が始まったのだ。

③知的好奇心が動いたら、即アクション

とっかかりができたら、すぐさまアクションを起こそう。読むだけだったものを、実際に購入してみたりするとよい。

パソコンなら「普通に使うが、詳しくは知らない」という意味でピッタリだ。

④雑誌やテレビで基礎体力をつける

興味のない分野の本や、見たことがないような番組を見てみるとよい。

これらを我慢して見ることで、より新しい知識への「とっかかり」を作ることはできる。

種芋から興味の連鎖

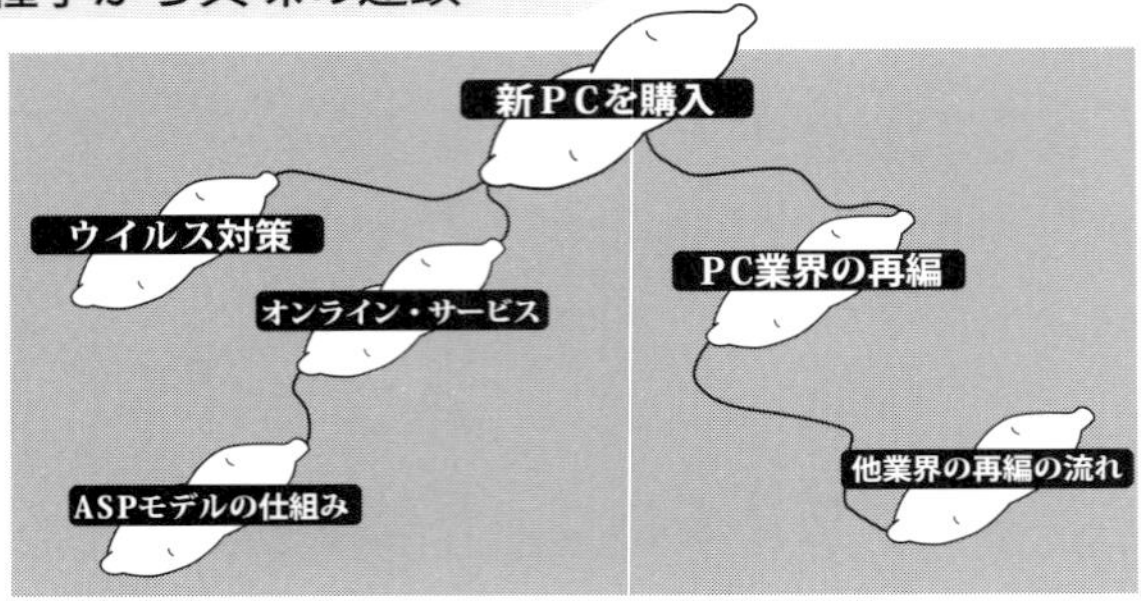

MBA的発想

■知的好奇心がうずいたら、即アクション

身近なところにある種芋から、知的好奇心を持って、次の芋＝知識を掘り出していくことがポイントだ。ちょっとの苦労を好奇心で乗り越えることで、また新たな種芋ができる。そうすれば普段自分にとって縁が薄い分野でも、新しい知識を獲得することが可能になる。

ただし、好きな事柄だけに目を向けると、どうしても偏りができてしまう。普段から幅広くいろいろなことをしておきたいと思う方には、ちょっと違ったトレーニングの方法を紹介しよう。

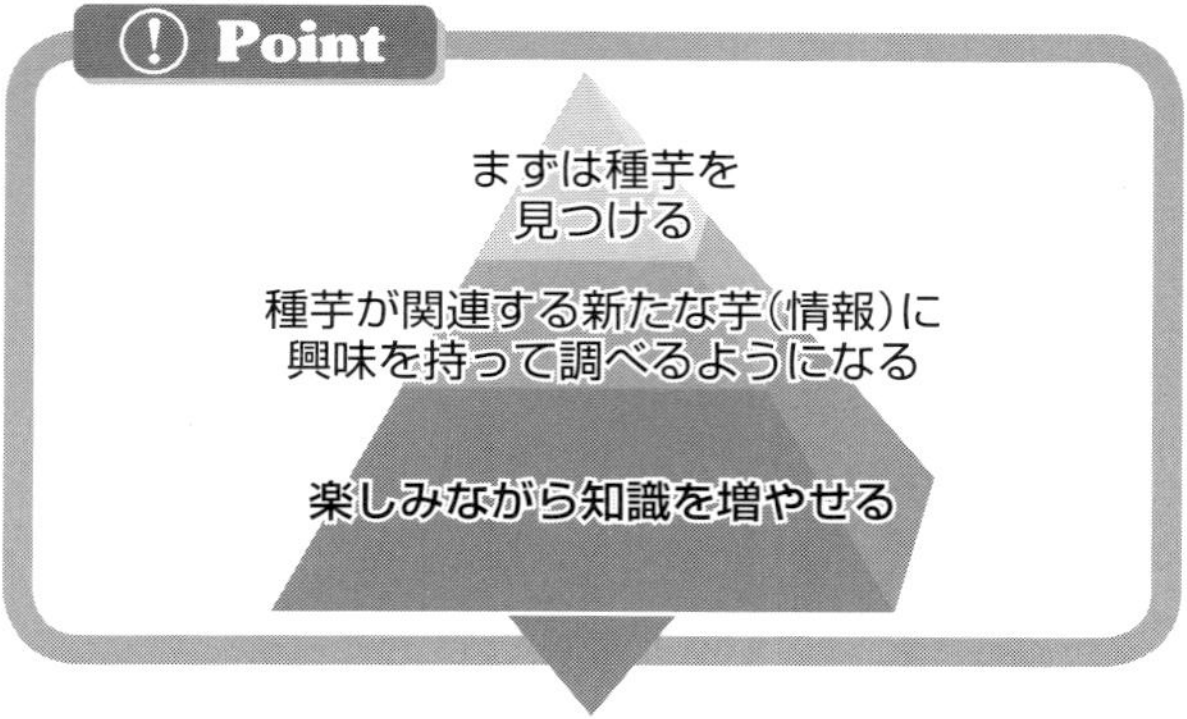
Point
まずは種芋を
見つける
種芋が関連する新たな芋（情報）に
興味を持って調べるようになる
楽しみながら知識を増やせる

種芋が見つけられると、周辺分野への興味がわき
新たな知識を得ようと深堀りしていくようになる

まずは、今まで読んだこともないような雑誌や本を毎月1冊買ってみる。仕事に関する本でもよいし、舞台、ファッション、哲学などとにかく何でもよい。しかし、関心が薄い分野の読書はかなりの苦痛が伴うことが多いし、モチベーションを保ち続けるのも大変だ。

この場合は、基礎体力をつけるための〝筋トレ〟なのだと割り切って、ひたすら文字を追いかける。すると、そのうちに内容が分かりはじめて、知的好奇心がピクピク動き始める。ここまで来たら、しめたものだ。

またテレビを見ることでも同じ効果は

得られる。こちらのほうが受身でいられるので楽といえば楽。むろん、その分だけ種芋があなたのなかに根付く可能性は低くなってしまうのだが、何もしないよりははるかに効果が得られる。具体的には、これまで見たことがないような番組を見てみるとよい。例えば、仕事に関する知識獲得であれば、平日の夜や休日の昼間に放送されているようなビジネス関連の番組。ここで紹介された内容を種芋にして、あとからネットや本で情報を深掘りすると、新たな知識を増やすことができる。

また、自分と違う業界で働いている友人と一緒に飲んで、仕事の話をするのも種芋を見つけるチャンスになる。彼らは本やネットと違って、生の情報を持っているし、その場であなたが好奇心を持って質問しても、きちんと答えてくれるからだ。特に、自分にとってまったく知識のない分野では、彼らの話がきっかけになって、未知の世界への扉が開かれたりする。

まずは考え方について吸収することが、世界で通用する課長としてやらなければならないことだ。そのうえで、知識を積み上げることができれば、あなたはより強力にパワーアップされるだろう。

Case Studyの解答

a ○ 興味がある分野や趣味で出会った新情報から、次の知識へとつなげる

b ○ 自分にとって興味がない分野でも、最初は我慢して知識を吸収するよう努力する

c ○ 知的好奇心をくすぐる情報に出会ったら、芋づる式に周辺知識を増やす

a この方法が一番効率的で、かつ楽しい方法だ。

特に、趣味でやっていることは、新しい情報に出会っただけで嬉しいもの。そこを突破口に、さらなる知識を探求していこう。

b 最初は苦しいのだが、ある程度まで進むと自然と知的好奇心が生まれてくるものだ。

義務教育で身につけさせられた知識が、今となっては役立っているのと同じ。

c 興味がある分野でも、そうでない分野でも、知的好奇心をくすぐる種芋と邂逅するラッキーな経験ができるものだ。

ここがチャンス！　鉄が熱いうちに、一気にたたみかけよう。

テレビを見ながら仮定条件を批判する力を鍛える

テレビの発する見解を真に受けてよいのか？ 正しい答えはどうやって見つけられるか。

Case Study

ロジカルシンキングが重要だということを、課長昇進後、痛感している。なぜ（why）、だからどうする（so what）については、絶えず意識する癖がついてきた。そのうえで、さらにロジカルな思考力を向上させたいと思っている。テレビのニュース番組などを見る時間を活用し、ロジカル思考を強化する方法はどれか？

a コメンテーターの発言や、番組のメッセージの裏にある仮定条件を批判してみる

b 事実が正しいのかを疑い、そもそも、そのロジックが成立しているかを検証する

c テレビを見ることをやめる

■仮定条件を批判するって一体どんなこと？

「僕の友達5人のうち3人が離婚した。離婚率が増加しているようだ」というコメント。一見、簡単に納得できそうだが、本当に正しいのか。

実はこれ、MBA受験に必要なGMATという英語試験の「クリティカル・リーズニング」というパートで出題される問題の一例だ。この「クリティカル・リーズニング」は論理的な思考力が問われるパートで、日本人は本当に苦労する。そもそも普段から論理的に考える癖がなく、しかもかなり高度な英語で出題されるものだから、苦しむのも当然だ。

とはいえ、まったく歯が立たない試験ではない。いくつかの論理的思考パターンのルールを理解することで、だんだんと立ち向かっていけるようになる。具体的な出題パターンとしては、「事実」と「結論」が述べられている。そして、その2つを結びつける「仮定条件」が何かを見つけ出すことで、答えを導き出すことが求められる試験なのだ。

本項では、いくつかの例をもとに論理的展開について解説しよう。

そのロジックは正しいのか…

◎**事実**／友人５人のうち、３人が先月離婚した

↓　・・・・・**仮定条件**／友人は世の中の代表例だ ―― 仮定条件を疑う

◎**結論**／最近、離婚率は飛躍的に増えているようだ

※仮定条件は正しくない可能性が大！

- **類は友を呼ぶ**
  友人は離婚しやすい性格の人なのでは……
- **友人の離婚がキッカケを作った**
  友人Ａの離婚を引き金に、連鎖離婚を引き起こしたのかも……

■それって本当に正しいの？

友人の離婚と離婚率の増加を結びつけた仮定条件は何か。「友人に起きることは、世の中でも起きている」ということ。しかし、「友達が結婚生活に向かない性格が多い」という仮定条件があれば、結論は違ってくる。仮定条件を批判するとは、論理的思考で、正しい答えを見つけだしていくことなのだ。

では、「若い世代はすぐに転職したがる。だから駄目なんだ」というコメントはどうか。この仮定条件はいくつかあるが、まずは「転職は悪。終身雇用制は素晴らしい」と仮定している。しかし現状で見れば、終身雇用制度が必ずしも正解とはいえないだろう。

テレビ番組も、論理的思考を鍛えるよい機会になる。テレビを見るなら有効に活用しよう。

脳みその使い方

①他者の意見を仮定条件つきで考える

タレントがいうコメントだったり、政治家の会見だったり、とにかく誰かの意見を仮定条件つきでみると、無理のある話だったりする。

②仮定条件を批判できるかどうか

ただ単に、すべてを批判するわけではない。
「事実」と「結論」の間のつながりが、正しいかどうかをチェックしよう。

③仮定条件を批判する

批判するということは、自分の意見をきちんと持っている証拠。
仮定条件を置き換えたうえで、論者とは違った論理展開を楽しむのも面白い。

④建設的な議論につなげる

スーパービジネスマンは、無駄な議論をしてはいけない。
仮定条件から導き出した意見で、何かにつながる建設的な議論を展開しよう。

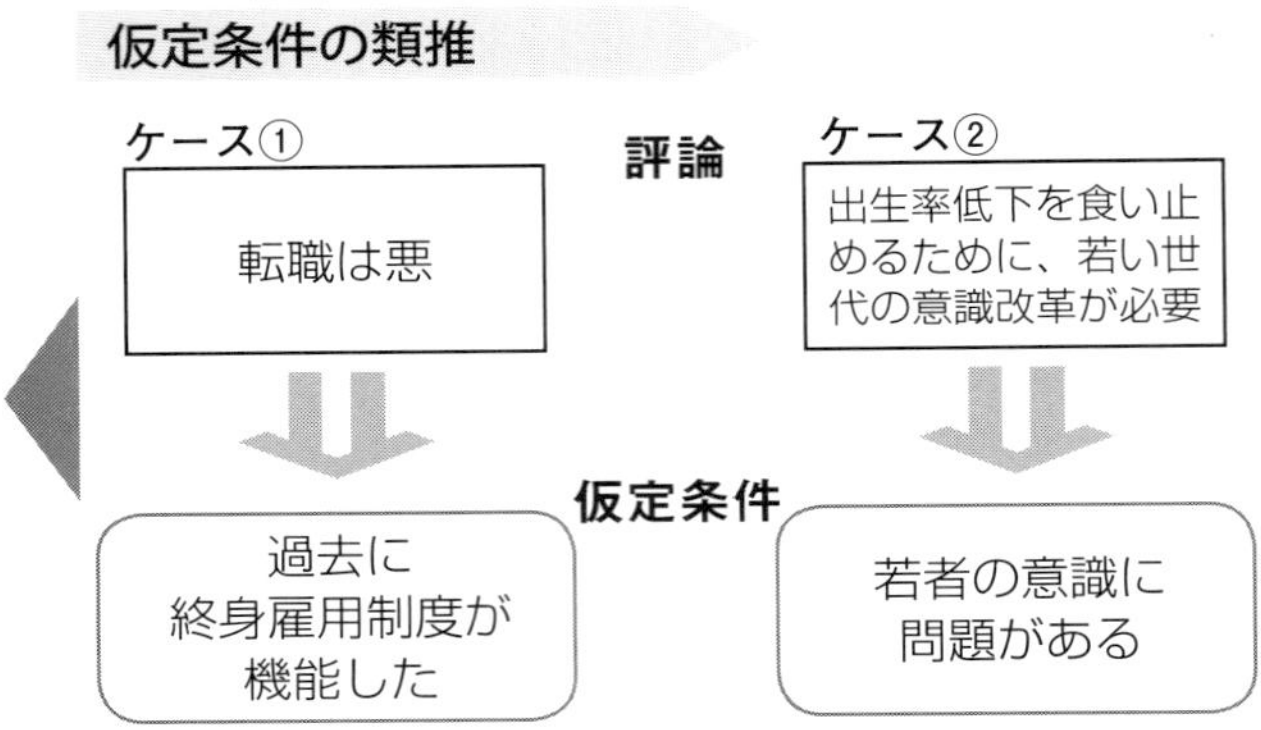
仮定条件の類推
ケース①
転職は悪
評論
ケース②
出生率低下を食い止めるために、若い世代の意識改革が必要
仮定条件
過去に終身雇用制度が機能した
若者の意識に問題がある

MBA的発想

■問題解決能力を上げるには？

それでは仮定条件を批判することで、どう問題解決につなげていくのか考えよう。ここでは、耐久消費財を販売しているメーカーの商品担当である高橋課長にご登場いただく。

「うちの商品性能は他社よりも劣っている、だから売れないんだ」

支店長会議の席上で、現場叩き上げの東京支店長が高橋課長にかみついた。すると、何人かの支店長が「そうだ、そうだ」と続き始め、不穏な空気が充満しはじめる。ここで高橋課長はどんなことを考え、どう対処すべ

Point

検証 ⇒ 仮定条件は本当に正しいのか？

ケース①
能力のあるビジネスマンが、自分のキャリアを無駄にしてきたことに気がついていない

ケース②
実際には社会の制度によって、子供を育てにくくなっていることが、理由かもしれない

仮定条件を見抜き、批判できるようになると、本当の問題解決思考力が身につくようになる

きなのだろうか。商品担当課長として、普段から論理的に考え、正しい仕事をしている自負はある。スケープゴートにされ、吊し上げられる筋合いはない。

ここで高橋課長が考えなければいけない点がいくつかある。

まずは、本当にその商品は売れていないのかという事実を明らかにすること。全国的には売れているが、東京支店やほかの数支店だけで売り上げが伸びていない可能性がある。もしそうだとしたら、商品性能が劣っているから売れないといった批判は筋違いだろう。

次に、仮に性能が劣っているとした

ら、それを実証できる事実はあるのだろうか。例えば、一人の顧客から出たクレームが、すべての顧客の声を代表しているかのごとく語られていないだろうか。もしそうだとしたら、やはり商品性能が劣っていると結論づけるのは少々乱暴な話だ。

もしも本当に高橋課長が担当する商品のどこかが性能的に劣っているとして、逆に勝っている部分も含めて総合的に考えた場合、本当にその劣っている部分が、売れないだけの致命的な理由になっているのだろうか。あら捜しをするのは簡単だが、それだけで問題が解決できる単純な話ではないはずだ。

また、一歩下がって考えてみることも大切。性能以外で劣っている部分はないのか。例えば、価格設定、販売促進のやり方、販売店との関係悪化など。仮に東京支店を含め、一部支店だけで売れていないのなら、検討方法も違ってくる。

こうやって考えられる可能性をリストアップして、叩き上げ支店長と会話を繰り返しながらひとつずつつぶしていくと、商品が売れていない理由が見えてくる。そして、こうすることで、どんな対策を打って売り上げを伸ばしたらよいのか分かり、結果につながるアクションが見えてくるのだ。

Case Studyの解答

a ○　コメンテーターの発言や、番組のメッセージの裏にある仮定条件を批判してみる

b ×　事実が正しいのかを疑い、そもそも、そのロジックが成立してるかを検証する

c ×　テレビを見ることをやめる

a ひとつのロジックが成り立つためには、事実と結論、そしてそれをつなぐ仮定条件が必要だ。

その仮定条件の論拠を見破る過程で、ロジカルに考える力が発揮される。

b ロジックの基礎となる事実を疑い始めると、結論も仮定条件もすべて変わってしまう。

議論に勝つためには必要な手法だが、ロジカル思考を高めることには結びつかない。

c 「テレビのニュース番組などを見る時間を活用し」という、設問の前提条件を変えてしまっては、ロジカルな答えは成立しない。この選択肢自体がナンセンスなのは明らかだ。

3-4

家庭のバランスシート（貸借対照表）を作ると見えてくること

自分の資産と負債の差を「価値」として管理するバランスシートで将来価値を見出す。

Case Study

バランスシートの考え方を応用して、自分のことや家庭のことを分析してみようと思った。資産/負債といった概念を使い、頭をすっきりと整理して、今後の仕事や生き方についてじっくりと考えてみたい。

次の選択肢のうち、資産や負債の考え方として適切なのはどれか？

a 学歴や資格といった「形のない」ものは、資産にはならない

b 負債の定義は、「将来に資産を生み出すもの」である

c これまでに費やした時間は、資産そのものである

■バランスシートとは

バランスシートは、企業の現状や、将来どんな価値を生み出すのかについて、多くのことを語ってくれる診断書のようなもの。その根底には「いかに分かりやすく、企業の健康状態を把握するか」といった考え方が流れている。

具体的に言うと、バランスシートはT字の構造になっていて、会社の資産（将来価値を生み出してくれる持ち物）を左側にリストアップし、それらを調達するために作った負債（資産を得るために使った、将来返さないといけないもの）を右にリストアップする。そして、資産と負債の差が会社の価値となり、やはりT字の右側に資本として現れる仕組みになっているのだ。

本項では、ソフト会社に勤務する山本課長（埼玉県川越市に一軒家を持つ、妻と小学生の長男、幼稚園の長女の4人家族）のバランスシートを例に、バランスシートの考え方を応用して、家庭内の状況について頭を使って現状把握してみよう。

家庭のバランスシートを作ると、示唆に富んだいろいろなことが見えてくるし、これからどうしたらよいのかについて、考える材料になるからだ。

バランスシートの構造

資産（持ち物）
＝将来性を生み出すもの

・商品、材料
・工場、店舗
・パテント（商標）

負債
＝利益を得るために使った、将来返済すべきもの

・借入金

資本＝その会社の価値

■家庭内バランスシートのリストアップ

ではまず、資産を「形があるもの・重いもの」と「形のないもの」に分けて、リストアップしてみる。川越の自宅や車、新しく買い揃えた家具や家電などの有形資産は簡単にリストアップでき、思ったよりも多くの資産を持っていることが分かる。実は、この「意外と多い」という事実が、後にいろいろと考えるときに重要な意味を持ってくる。

次に、「形のないもの」は、学歴や資格・経験そして仲間や友人、近所付き合いなど。さらに家族全員の健康もとても大切な資産だ。

負債は資産を得るための借金。自宅や車購入のために借り入れた数千万円の資金や、学歴や人間関係構築のために過ぎた時間も、負債になるだろう。

脳みその使い方

①資産を「有形資産」と「無形資産」に分ける

家庭での持ちもの(資産)を、一戸建てだったり、車だったりと、分かりやすい物理的なものから探していく。

仕事の経験や、近所との人間関係など、「形のないもの」も、リストアップすることを忘れないように。

②負債を計上する

住宅ローンや学費ローンなどの借入金、そして、これまでに使ってしまった時間を明記することで、資産と負債のバランスが見えてくる。

③自問自答してみる

資産構成が適正なのかどうか、必要なものは何で、不要なものは何なのかも、考えなければならない。

つらい作業だが、やっておく価値はあるだろう。

④現実的な立ち位置から冷静に考える

家族を取り巻く環境が、手に取るように分かった。

不安を覚えつつも、いま自分が立たされている場所と、今後どうするべきかが、はっきりしてくるはずだ。

家庭のバランスシート

資産

- 自宅
- 四駆ステーションワゴン
- 家具
- 学歴
- 仕事の経験・知識
- 近所との人間関係

負債

- 住宅ローン
- 過ぎ去った時間

資本

- 家庭の価値

MBA的発想

■家庭のバランスシートから見えてくること

さて、山本課長の目の前には、資産と負債が手書きでリストアップされた紙がある。せっかくここまで作業したのだから、もう一歩突っ込んで考えてみたい。そうすることで、さらにいろいろなことが見えてくる。

まず初めに山本課長が考えたのは2人の子供のことだ。彼らの将来を充実させるには、どのような資産を残してあげればよいのか。やはりちゃんとした教育を受け、知識や学歴、資格といった「形のない資産」を与えてあげたい。そのためには、教育ローンや、彼

Point

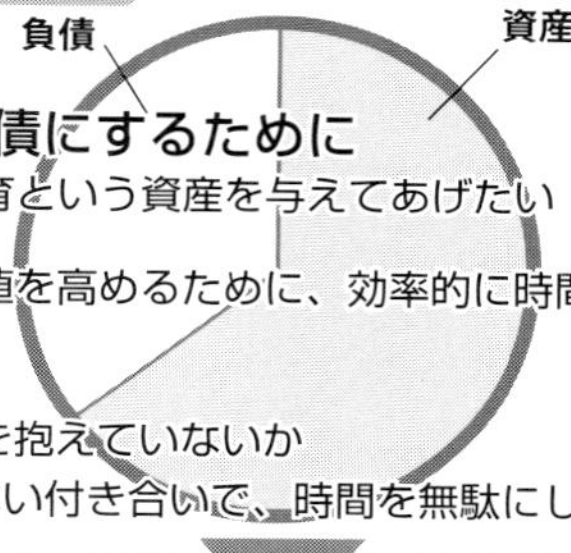

資産＞負債にするために

・子供に教育という資産を与えてあげたい

・自分の価値を高めるために、効率的に時間を使っているか

・不良資産を抱えていないか
（つまらない付き合いで、時間を無駄にしていないか）

イメージしていたよりも、多くの資産を保有していることにきづくはずだ。

らが一人前になるまで働くといった時間の負債を負うことになる。

　次に「時間という負債」に見合うだけの有効な資産を形成できているか、山本課長は自問自答してみる。学歴や資格といった無形資産は日に日に目減りしていく。新しい技術を学ぶだけの自分への投資はできているか。過去の資産だけでこれからの長いビジネスマン生活を乗り切れないことを、彼はよく理解している。

　そして、リストアップされた膨大な資産と負債を眺めながら、「本当にこの資産構成が適正なのか」と山本課長は感じた。山のようにある資産は、ただ持っていればよいというわけでもない。人とのネットワークという資産を大量に持っているが、それらを保っていくためには時間と努力が必要だ。

仮に同じ時間と努力をほかの資産形成に振り分けることができたら、いったい何ができるのだろうか？　また川越の自宅も、転職を考えた場合には不安が生じる。

バランスシートを作ることで、家族を取り巻く現実が鮮明に見えてくるが、これは同時に現実を直視するちょっと痛い作業になるのかもしれない。しかしながら、自分そして家族にとって資金も時間も無限ではない。たまには、このような作業も必要なのではないだろうか。

なお、本章ではバランスシートの詳細について説明することが目的ではなく、その考え方を応用して、自分の家庭についてあれこれと頭を使ってみることを目的としている。家庭のバランスシートを作ると、示唆に富んだいろいろなことが見えてくるし、これからどうしたらよいのかについて考える材料になるからだ。

バランスシートの細かな内容について勉強したい方は、ぜひともそういった本を参照していただきたい。実は読んでみると結構面白くできている。

Case Studyの解答

a ×　学歴や資格といった「形のない」ものは、資産にはならない

b ×　負債の定義は「将来に資産を生み出すもの」である

c ×　これまでに費やした時間は、資産そのものである

a 資産の定義は「将来に価値を生み出すもの」。形のある・なしは関係ない。例えば、学歴や資格は「無形資産」として考えられる。

b 「資産を得るために使ったもの／将来返済すべきもの」が負債の定義。自宅を購入したときに組んだ住宅ローンや、子どもを学校に行かせるために使った教育ローンなどが該当する。

c 仕事をとおして得た経験などは資産になるが、費やした時間はその反対で負債になる。年を取るとは、それだけ重い意味があるということを肝に銘じよう。

ウエートコントロールで損益管理の感覚を磨く

米国では体重管理ができないと出世できない。管理能力を問われる今、この脂肪どうする?

Case Study

課長に就任して、人と外食をする機会が増えたあなたは、最近少々、体が重くなってきた。損益管理の手法を応用して、ウエートコントロールをしようと決めたが、まずはその第一歩として、PLの基本的な考え方を理解しようと思う。

次のうち、売上、コスト、利益の考え方として、適切なのはどれか?

a 売上を増やすことで、自動的に利益は増えてくる

b 売上一定のまま削減できたコスト分は、そのまま利益の増加分になる

c コスト削減と売上増の両方を同時に実現することはできない

■余計なお世話といいたいが……

アメリカでは「肥満体型のビジネスマンは出世できない」と言われるのを聞いたことがあるだろう。自己管理もできないマネジャーが、自分のチームを管理できるはずもないというのが、その背景にある考え方だ。たしかに言われてみればもっともな感じもするが、体型のことなど余計なお世話だという気もする。

いずれにせよ世界標準の課長を目指すなら、ウエートコントロールぐらいはしておこう。いくつになっても締まった体を保つことは、心もシャキッとして気持ちがよいし、ウエートコントロールの感覚を常日頃から意識していると、損益管理のバランス感覚も鋭くなるといったメリットもある。

一挙両得なウエートコントロールを、最近、肥満気味なのを気にしている35歳の吉田課長をモデルに、実際にどんなことに取り組んだらよいか見てみよう。ちなみに、身長１７０センチ、体重80キロの彼が１日に必要なエネルギー量は約２２００キロカロリー。これは基礎代謝量と、普段の生活で消費される熱量を足した数値だ。

さあ、皆さんも自分のウエートを意識しながら読み進めていただきたい。

損益計算書（P/L）

■まずは数字を押さえることからスタート

エネルギー消費量は、損益計算書での売上項目のようなもの。まずはこの数値を認識することから、ウエートコントロールはスタートする。

次に、何が何キロカロリーなのか、簡単に数値をおさえておこう。これは、損益計算でのコスト管理と同じ意味合いを持つ。カロリーについては、インターネットや本などで調べられるが、ざっくりとした感覚で大体のカロリーを理解しておけば十分だ。

併せて、消費カロリーも押さえておこう。何をどれくらいの時間行うと、何キロカロリー消費できるのかについて理解しておくとよいだろう。

吉田課長は1日で2600キロカロリーを摂取していた。400キロカロリーのオーバーだ。

脳みその使い方

①アメリカではデブは出世できない

あくまで通説、というか、日本で言うことわざみたいなものかもしれない。

しかし、太る＝管理能力がない、という構造はお見事だ。

②カロリー計算は損益管理と同じ

「消費」と「摂取」の関係で考えれば、まさしくそのとおり。

数値を下げるところからウエートコントロールがスタート、というのも、経済感覚と同じだ。

③体重管理を損益管理に置き換える

「ダイエット」と「売上」、「太ること」と「損失」をそれぞれ並列で考える。すると、まるで同じ理屈だと分かるはずだ。

④ダイエットで管理能力を磨く

自己管理の徹底を貫徹し、摂取カロリーを減らす。あるいは、消費カロリーを増やす。

方法はさまざまなので、自分に合ったやり方をオプションのなかから選べばよい。

ウエートコントロールは…

・売上増 ⇒『消費カロリー』の増加

・コスト削減 ⇒『摂取カロリー』の制限

3kgのダイエット

＝27,000キロカロリー減が目標

MBA的発想

■ダイエットは損益管理に似ている

吉田課長が３カ月間で３キロのダイエットをしようと思ったとする。成功させるには売上げからコストを引いて利益を出すように、消費カロリーから摂取カロリーを引いて、ダイエットの原資を確保しなければならない。

１キロダイエットするためには、９０００キロカロリー分エネルギーを消費することが必要なので、単純に計算して１日３００キロカロリーの原資が必要。これをどう捻出していくのか、ここが成功するかしないかの分かれ目になる。実際にどう取り組んでいくのか

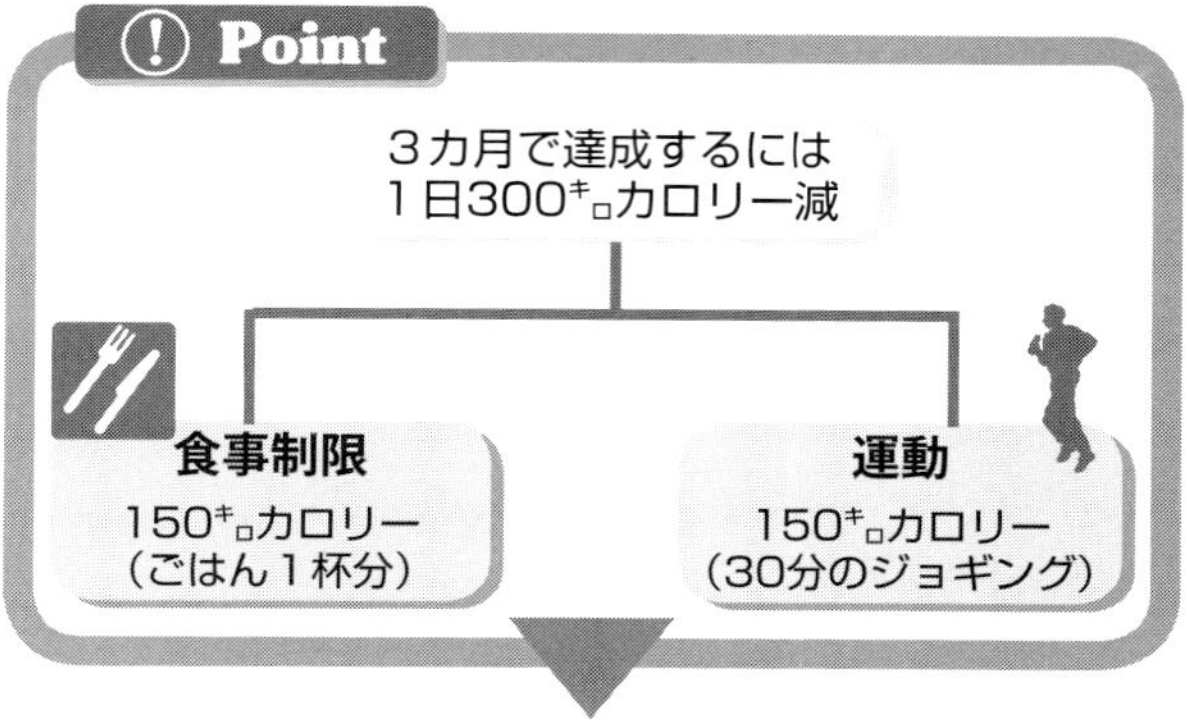

ダイエットは損益管理と同じ。できる課長として、頭も体もすっきりさせよう。

は、３つの選択肢があるだろう。

まずは「毎日３００キロカロリーずつ消費カロリーを増やす」。例えば、毎日欠かさず走るのであれば約１時間。一方で、土日にまとめてカロリーを消費する手もあるが、１回１０００キロカロリーを消費するとなると、２時間以上泳ぐことが必要だ。

次に、「毎日３００キロカロリーずつ摂取カロリーを減らす」方法。吉田課長の場合、脂っこい食事が好きで、普段から２００〜３００キロカロリーほどエネルギーを過剰摂取気味だ。そこに持ってきて、毎日３００キロカロリー分のダイエット原資を確保しようとすると、合計500〜600キロカロリーほど摂取カロリーを減らさなければならない。コスト削減には痛みや違和感を伴うのと同様に、摂取カロリーを控えることは、やはり精神的にタフな作業でもある。

また「消費カロリーと摂取カロリーの組み合わせで合計300キロカロリー分の原資を確保する」という選択肢もある。例えば、平日は運動しない代わりに300キロカロリー分だけ摂取カロリーを控える。土日はカロリー制限はせずに平日のストレスを開放し、その分、水泳とジョギングで300キロカロリー消費を増やす。

もちろん、どの選択肢を選んだとしても、3キロ体重を減らすというゴールにたどり着くことは可能だ。いくつになっても締まった体を保つことは、心もシャキッとして気持ちがよい。収益目標と同様、空想で終わらせないために、ダイエットにも現実的なプログラムが必要なのだ。

また、ウエートコントロールの感覚を常日頃から意識して持っておくと、損益管理のバランス感覚も鋭くなるといったメリットもある。仕事とダイエット双方でこの損益管理の感覚を磨くことで、相乗効果が得られるようになりたいものだ。

Case Studyの解答

a ×　売上を増やすことで、自動的に利益は増えてくる

b ○　売上一定のまま削減できたコスト分は、そのまま利益の増加分になる

c ×　コスト削減と売上増の両方を同時に実現することはできない

a 売上を増やすために、例えば広告宣伝費などを使ってコスト増をまねくと、結果として利益が減る可能性もある。運動した以上に、食事でカロリー摂取するのと似ている。

b 正確には、コストの定義に「原価も一定」という前提も含んでいるが、例えばコストを１０００万円削減できると、（営業）利益は１０００万円増える。コスト削減は、それだけインパクトがあるということ。摂取カロリーのコントロールが、ダイエットで重要なのと一緒。

c これは全く根拠がないロジックになっているのが理解できるだろうか？　ちなみにこのロジックを打ち破るためには、双方が同時に成り立つ事例があることを証明すればよい。

可能性の芽を「強み」に仕立て上げるには投資が必要

子供が持っている可能性の芽も、そのままでは育たない。せっかくの可能性だ、ここはあなたが能動的にアクションを起こすことで、その芽を「強み」にまで昇華させられる確率を高めよう。ベンチャーキャピタルは、可能性があるベンチャー企業に投資をするが、投資とは単純に資金の供与だけではない。可能性を高めるために必要な時間を与え、必要に応じて人材を提供する。

子供の教育に関しても同じことが言える。単に学校や塾に通うだけの費用を捻出すればよいというわけではない。一緒に過ごす時間や直接話をすることで与えられることも多い。超一流のベンチャーキャピタリストになった気分で、子供を育てるぐらいの気概がほしいものだ。

例えば、学校や塾に通わせるときであれば、当然のことだが子供が「強み」を築けるようなところに行かせるべきだ。とにかく計算が好きな子供であれば、将来他のビジネスマンがかなわないぐらいの分析力を手にできる可能性

Column

がある。

この場合、単に機械的な計算を学べるだけでなく、なぜその計算手法は役に立つのか、どんな場面で使えるのか、それを使うことでどんなことが分かるのかといったところまで教えてくれる学校に通わせてあげたい。もしもそのような学校がないのであれば、まずは計算手法について学校で学ばせて、「なぜ」や「どのように使うのか」といった部分は親であるあなたが、普段の会話で補ってあげればよい。

具体的には、子供が足し算について学んだとすると、その後で「そうか、そんな風に計算するんだね」と確認した後、「じゃあ、どんなときに使ったらよいのかな」といった質問をしてあげるだけで、子供の分析力はどんどんと成長していく。そして、長年そういった質問を繰り返すことで、子供の分析力は「強み」にまで昇華される可能性が高まっていくのだ。

最後に蛇足になるが、子供の弱みをどう矯正していけばよいかについても少々考えてみたい。結論から言えば、弱みは成長に合わせてだんだんと克服されていくものだし、今の日本の教育でカバーされるだろうから、あまり気にしなくてもよいのではないかというのが筆者の持論だ。それに「おまえはここが弱いから、こうやって直せ」といったコミュニケーションを繰り返してしまうと、きっと子供は自分の「強み」の芽に気づく前に、自信をなくしてしまうだろう。

また、いくら弱点をなくしたとしても、それだけではこれからの時代、ビジネスマンとしては成功できないし、人間的な魅力も持てないのではないだろうか。

特にまだ子供が小さいうちは、弱点の克服に投資するのではなく、「強み」の芽を発掘し、それを伸ばすことに力を注いであげたいもの。突き抜けた「強み」がある子供がどんどんと成長していく。そんな姿を想像しただけで、胸が高まりはしないだろうか？

第4章

MBA的自己実現術

出身校や趣味だけでは自分の価値は伝わらない。自分を紹介する、有益な方法は？

Case Study

これまでの平社員時代と違い、課長になってからというもの、自己紹介をする場面が増えてきた。参加する会議や会合なども、以前より多くなっている。

単なる自己紹介ではなく、短時間に自分がどんな人材かを紹介するための手法として、次の選択肢のどれが適切だろうか？

a 第一印象で強いインパクトを残すため、一発芸を盛り込んだ自己紹介にする

b 自分を会社に見立てて、どんな資産があり、何ができるかを中心に紹介する

c 学歴・職務経歴など、分かりやすい情報を主体に、自己紹介の内容を組みたてる

■ありきたりの自己紹介ではあなたの詳細は伝わらない

「19××年、○○生まれ。☆☆高校卒業後、□□大学の△△学部専攻でした」

また、入社年度や所属部署、家族構成から趣味など、事実に多少のユーモアを交えて自己紹介をする。一般的なこの方法では、あなたにまつわる「事実」については伝わるが、肝心の「何者なのか」という点については、よくみえないし把握できない。

もちろん、普通の自己紹介ならこれで十分だろう。しかし一方で、もっと自分自身で自分のことをよく理解するために、自己紹介を有効に使えるのである。

MBA保有者は、実はちょっと変わった自己紹介のバリエーションを使いこなす。これは実際のMBAで、自己紹介の仕方に関するトレーニングを受けることで身につくのではなく、企業価値の分析手法などについて習うことで、自然と体得していくものだ。特に、会計学や企業財務、そして戦略論の授業で学んだ内容が、自己紹介のなかに無意識のうちに入り込んでくるのだ。

本項では、MBA流自己紹介の手法とその背景にある考え方を紹介したい。それでは、実際に事例を使いながら考えてみよう。

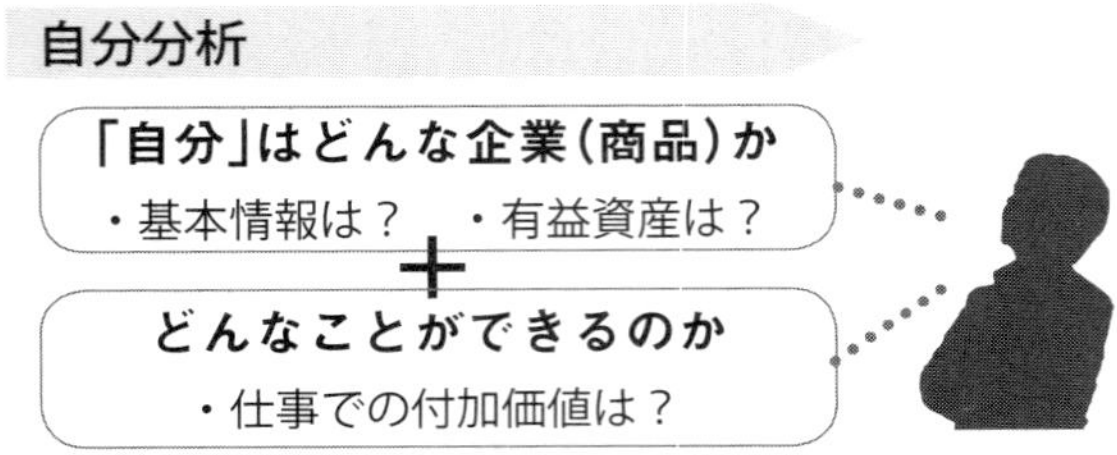
自分分析
「自分」はどんな企業(商品)か
・基本情報は？　・有益資産は？
＋
どんなことができるのか
・仕事での付加価値は？

企業分析・商品分析の手法で、自分を客観的に評価
→ビジネスマンとしての資産を再認識

■自分を会社に見立てて、資産をリストアップ

企業情報で最重要視されるのは、財務・会計情報だ。どんな資産があり、いくら儲けているのかというのが、その企業を知るうえで重要な情報になる。

では食品メーカーで、新企画・開発を担当する鈴木課長を例に、個人の資産価値を考えてみよう。

大学時代に専攻した統計的な手法や、表計算ソフトを使ったシミュレーションスキルは資産リストに入る。次に支店営業マン時代の、現場経験と販売スキルや、調査部時代の業務経験と分析スキル。さらに趣味のサッカーで身につけた司令塔としての能力やバンド活動をクリエイティビティーという面でリストに加えよう。このように、自分の資産について把握していくと自分自身がよく見えてくるのだ。

脳みその使い方

①名前と学歴ではあなたは分からない

　大学自体が飽和状態の昨今、大学名だけで会社に入れる人は少ないし、「あなた」が何なのかが、まったく分からない。これでは駄目。

②「あなた」という個人会社を紹介

「あなた」という企業が、どんな会社なのかが知りたい。

　損益計算書や財務・会計情報のようなものがみたい。

③「あなた」の持っている資産は？

　これまでの業務経験で培われた能力や、知識だけにとどまらずに、子供の頃から続けているスポーツでも、学生時代のサークルでもよい。

　企業がそれを「資産」とみなすか否かだ。

④将来的にどんな価値を生み出せるか

　いま現在持っている資産は分かったとして、将来的にどうなるのか？

「御社（あなた）はわたし（企業）に、いくらもうけさせてくれますか？」ということである。

ロジカル・シンキング能力

基本情報

生年月日、出身地　など

キャリア資産

大学時代は工学部で統計学を専攻し、統計的なアプローチを学んだ　など

趣味で得た資産

ミッドフィルダー（サッカー）をとおし、司令塔としてチームの統率を学んだ　バンド活動で作曲も担当

MBA的発想

■その資産で、どんな価値を生めるのか

さて、ここまでで、あなたのビジネスマンとしての資産価値について把握することができただろう。しかし、財務の手法を使って企業価値を計算する場合、会社の価値＝資産価値の積み上げにはならない。

例えば、ある企業が保有している資産価値を積み上げた場合、その価値は100億円なのだが、株価をもとに計算された企業価値は300億円ある。この差は、その企業が資産を使って将来生み出すであろうキャッシュフローをベースに計算されている。

Point

具体的には……

私、鈴木英雄は1965年に東京で生まれました。大学では工学部で統計学を専攻し、統計的なアプローチや表計算ソフトを学びました。入社後は営業部に所属し、お客様のニーズ把握や売れる店舗作りについて現場の経験を積み、販売スキルについては実地で身につけました。趣味のサッカーをとおして学んだことは、チーム全体を運営することです。また、大学時代にバンド活動で、新しいものを作り上げる方法についても学びました……

あなた自身について、しっかり相手に伝えよう

つまり、ブランドバリューや販売網、優秀な人材などの資産が生み出す利益は、単なる資産価値の合計とは一致しないということ。この差が大きい程、その企業は資産の持つ強みを有効活用しているということだ。

同じ考え方を使って、あなたが持っている資産、つまり業務経験やスキルが、どんな価値を生み出すことができるのか考えてみよう。

今回登場してもらった鈴木課長は、先ほどのＭＢＡ流自己紹介で見たとおり、かなりの資産を持っている。では、これらの資産を有効活用し、商品企画部の課

長としてどんな価値を生み出せるのか、考えてみよう。

まず、現場での経験と調査手法を使って、顧客がどんなニーズを持っているのか、より現実的なデータを抽出することができる。また定量分析のスキルを、表計算ソフトの技を使って数値に置き換え、それらのニーズにどれくらいの潜在市場があるのか、試算できるだろう。

また、クリエイティビティーを発揮して、これらのニーズを満たし、かつ競合他社が売っていない新商品を開発できる可能性は高い。さらに非常に複雑な商品開発のプロセスを、プロジェクトチーム構成で進めるにあたり、全体を見渡して適切な指示を出すこともできるだろう。

つまり、ビジネスマンとして持っている資産を組み合わせることで、鈴木課長が成功確率の高い新商品を開発するといった価値を生み出せるということだ。

さあ、皆さんもＭＢＡ流自己紹介にトライしてみよう。そして、今の仕事や将来やってみたい仕事で、自分が持っている資産をどのように組み合わせて価値を生み出せるか、ぜひとも考えてみようではないか。

Case Studyの解答

a △　第一印象で強いインパクトを残すため、一発芸を盛り込んだ自己紹介にする

b ○　自分を会社に見立てて、どんな資産があり、何ができるかを中心に紹介する

c △　学歴・職務経歴など、分かりやすい情報を主体に、自己紹介の内容を組みたてる

a 自分の得意な業務や、他の社員に対して貢献できることを一発芸にまで落とし込めれば正解になるのだが、そこまでできる人はかなり稀有ではないだろうか。

b 他人の学歴自慢や仕事自慢は、聞く側からしたら結構苦痛だったりする。

それよりも、どんなことが得意で、その理由は何かを語る方が、一緒に仕事をする仲間にとって有用な情報だ。

c 分かりやすい情報によって、相手に類推させる「シグナリング効果」があることは事実だが、それがネガティブに受け止められる可能性がある場合、逆効果になる恐れも……。

あなたは周りからどう見られている？
他者が描いたイメージが〝ブランド〟になる。

Case Study

できる課長として仕事をバリバリこなすだけでなく、社内でブランド価値を持った人材として、一目置かれたい。そのために、ブランド・マネジメントの手法を上手に使って、自分ブランドを確立していきたい。

次の選択肢のうち、ブランド価値を高める方法としてふさわしいのはどれか。

a まずは、自分がなりたいブランド人（人物像）を思い描く

b 自分が思い描くブランド人であることを、いつでも行動で証明する

c メールのフッターなどを使って、自分のポリシーをみんなに知らせる

■ブランドは企業にとっても個人にとっても武器になる

〝仕事ができる実力派〟、〝部下の指導が上手な社内教師〟、〝周りを巻き込む仕事の達人〟など、いろいろなイメージがある。そう、あなたの仕事振りや人柄などが周りのフィルターをとおして、ある種のイメージを作っていくのだ。

イメージは、企業にとって最も大切な資産のひとつ、ブランドと同じである。企業ブランドが単なる機能や利便性といった商品の機能を超えた価値を顧客に与えるのと同じように、あなたというブランドは、あなたの仕事の成果物を超えた価値を周りに与える強力な武器になる。

例えば、山本課長は一緒に働く周りの人間を楽しく、ワクワクした気分にさせてくれると評判だ。部下や同僚は高い満足感を得られるようだ。一方、小林課長は、絶えず不平不満の声が漏れている。これは、企業が消費者に与えるブランドイメージとよく似ている。同性能の製品を使っていても、あるブランドはそれを持っているだけで楽しい気分になり、他社製品は単なる機能の寄せ集めでしかない。

〝あなた〟はどのようなブランドイメージを周りから持たれているのだろうか。

あなたはどんなブランドか…

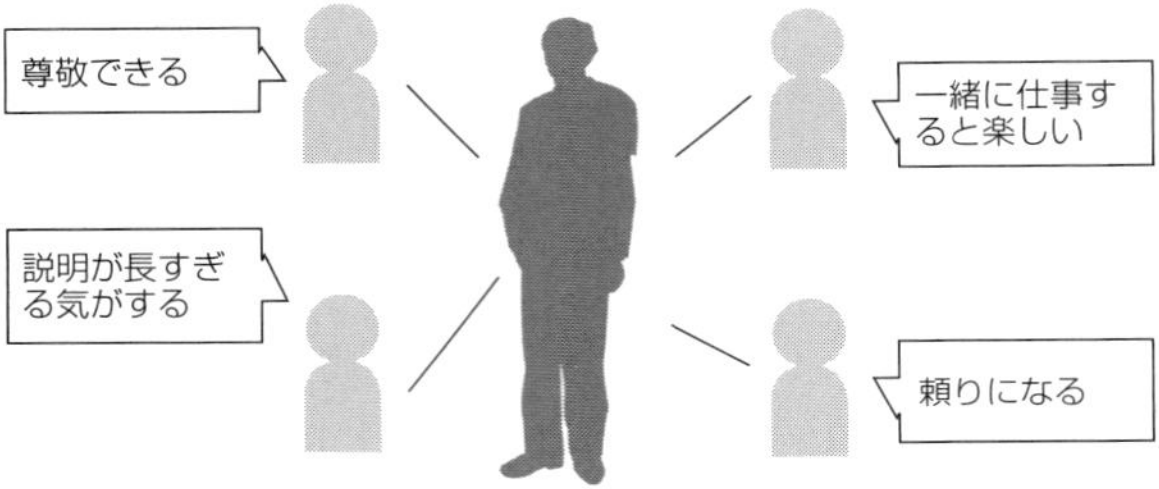
尊敬できる
一緒に仕事すると楽しい
説明が長すぎる気がする
頼りになる

■あなたはどんなブランドなのか

まずは社内で、忌憚のない意見を言ってくれる上司・仲間・部下に、〝あなた〟という名前からどんなことを連想するか聞いてみよう。また、逆にどこが弱点だと思われているかも調べてみよう。ここから、〝あなたブランド〟の意外な側面が発見できる。

山本課長の場合、「一緒に仕事をすると楽しく元気になる」というイメージを持たれていた。一方、自分では正確無比と思っていた仕事ぶりが、ともすると時間がかかりすぎる、というイメージを周りに持たれていた。自分の認識が、実は周りの認識とずれていたという非常に面白い発見だ。

しかし肝心なのは好意的なイメージは、〝あなたブランド〟の強みとして活用できるという点だ。

脳みその使い方

①自分がどんなブランドなのか考える

「優しい人」でも、「まじめな人」でも、それがあなたの“ブランド”ということ。

周りがそう思えば、それが“あなたブランド”のイメージになる。

②ブランドの構成要素を把握する

自分で自信を持っていた部分が、周りからみると駄目なところだったりすることもある。その逆もしかり。あなたブランドが何によって構成されているのか、まずは把握することが第一歩。

③高い志でブランドをイメージする

どんなブランドになりたいのか。

つまりはどんな人間に、どんなビジネスマンになりたいのか、ということ。

思い切り高い目標でも、かまわない。

④ブランドを高める努力を

自分がどう思われているか知ることができたなら、努力を惜しまず改善していこう。

良いイメージの部分を継続維持するのも大変だ。

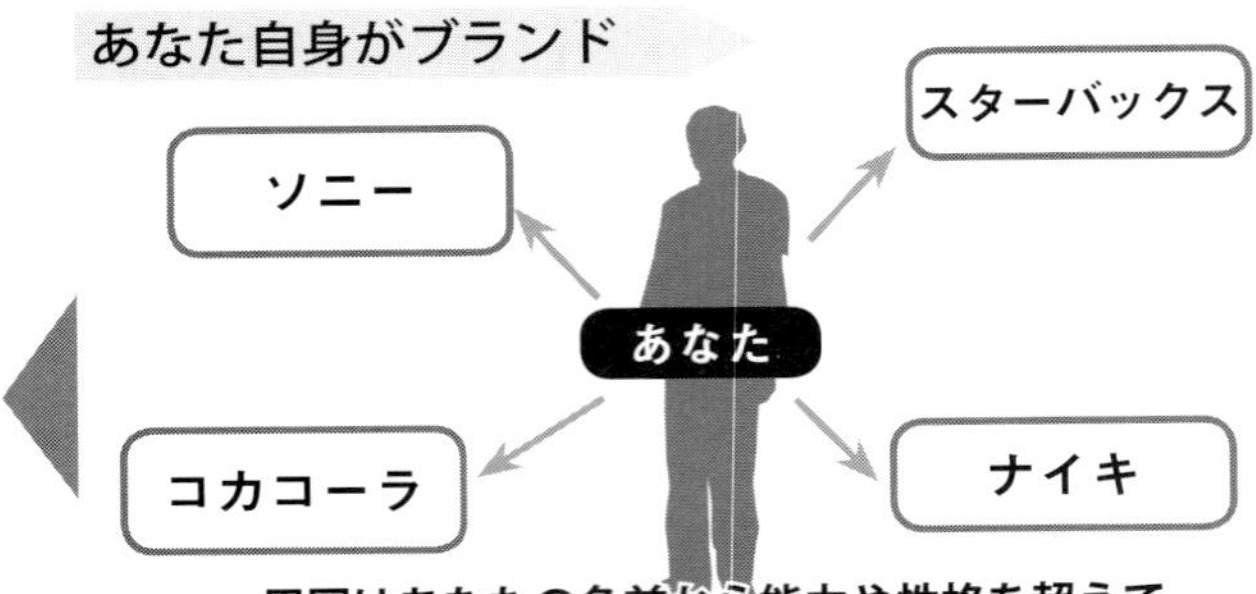

周囲はあなたの名前から能力や性格を超えて
「ブランド」を想起する

MBA的発想

■〝あなたブランド〟を高める方法

山本課長は、「一緒に働くと楽しいし、自分が賢くなったような気分になれて尊敬できる。それに、どんな仕事をするにも、最短の時間で仕上げる課長」という、少々欲張ったブランドを構築したいと考えた。

そう、まずは自分がどんなブランドになりたいか考えてみるのだ。次に、親しみやすいブランド作りの努力をしよう。そのためには普段の仕事ぶりや身のこなしから醸し出すイメージが大事だ。それは、あなたブランドを受け入れる顧客ターゲットを狭めないために

! Point

なりたい“あなたブランド”を思い描く	⇒	努力してそれを証明する	⇒	みんなに知らせる
例えば…		例えば…		例えば…
・一緒に働くと楽しい ・自分も賢くなった気になれる		・いつもニコニコしている ・脳みそをフル回転している		・自分の目指す姿を1～2分間で説明する

▼

さらなるブランド強化には、まずは自分ブランドの構築をイメージしよう

必要な作業。現実には、親しみやすく、かつ威厳のあるブランドは山ほど存在するのだ。

　また、ブランドは親しみやすいだけではファンは増えないし、周りを魅了しない。相手から「あなたブランドはほかの課長ブランドとは違う」と思われるほどの、差別化できる内容が必要だ。

　例えば、あなたしかできない仕事があれば差別化の源泉になるし、もしもそういった技量や経験がなければ、これから努力して作り上げればよい。

　山本課長にとっては相当のチャレンジになるが、山本ブランドを高めるために

は価値がある行為になる。

そしてまた、尊敬されるようなすごさが必要だ。そのうえで、さらに相手をびっくりさせるような価値をつけ加えることが不可欠。山本課長の場合であれば、仕事で関わりのある人と短い議論をするときに、相手の言った内容から要点を抽出し、3つのポイントにまとめてあげる技を使いこなせるようになると、議論に参加してくれた人をすっきりした気分にさせることができるだろう。

最後に、やはりブランドは認知されていないと意味がない。どんなに優れたブランドでも、知られなければ存在しないのと同じなのだ。簡単な話だが、仕事で関わる相手にほんの1～2分、自分の仕事に対する考え方を紹介するだけでいい。そして、このブランド紹介は折に触れて繰り返し行うことで相手に認知され、実際にあなたと仕事をすることでその認知がブランド経験に昇華される。

さあ、このブランド価値を高める技を日々実践して、あなたブランドのファンをどんどん増やしていこう。そうすれば、毎日の仕事はより進めやすくなるし、今以上の付加価値を生み出し、やりがいのある仕事を任される機会も増えるだろう。

Case Studyの解答

a ○ まずは、自分がなりたいブランド人（人物像）を思い描く

b ○ 自分が思い描くブランド人であることを、いつでも行動で証明する

c ○ メールのフッターなどを使って、自分のポリシーをみんなに知らせる

a 社内で目標とする先輩や、自分が「こんな人に思われたい」といった人物像のイメージを持つことが、自分ブランドを確立する第一歩になる。まずはゴールを決めることが大切だということ。

b 例えば、いくら「いつでも脳みそ全開で考え抜く人」といったブランドを掲げても、実際の行動が伴わない場合、誇大広告になってしまう。普段の行動があなたブランドを作るのだ。

c 「決して諦めない熱血課長」といった一行をメールの最後につけることで、ブランドを宣言することはできる。これを証明するために、自らに鞭を打つのも悪くない。継続は力なり。

今の仕事に不安を感じたときに考えるべきこと

このまま会社にいていいのか？ 漠然とした不安は、どうやって払拭できるのか？

Case Study

今の会社に入社して早10年。ようやく課長に昇格し、最初は苦労したが新しい仕事の進め方にも慣れ、実績も上がってくるようになった。順調にことは運んでいると思っているが一方で、時折「このままでよいのか」と、考えてしまうことがある。

このような不安を抱いたとき、どのように頭を整理したらよいか？

a くだらない考えだと切り捨てて、仕事に没頭する

b 不安の要因をバラバラに分解して、何が本当の理由なのか明らかにする

c 今が潮時と結論を出し、転職活動を開始する

■誰だって仕事に不安を感じることはある

「このまま一生この会社で働き続けたい」と心の底から、そう思えるほどに満足を得ている方は多くないだろう。逆に「このままでよいのだろうか」といった漠然とした不安を抱えながら、毎日仕事をしている方のほうが多いだろう。

頑張った結果、素晴らしい成果を出した、課長として最高の付加価値をつけた、にも関わらず社内軋轢や不確定要素に影響されると、ふと仕事や会社に対する不安が頭をよぎる。「本当にこれでいいのだろうか」と自問自答したり。同年代の友人と久しぶりに会い、仕事の話をしながら大量のアルコールを摂取した後、なぜかひとりだけビジネスマンとして取り残されているような気持ちになったり……。

胸に上がった不安をそのままにしていては何も解決しない。浮遊するもやもやした気持ちを、頭を使って考え抜いて整理することで、次にどんなアクションを起こしたらよいのか明確に見えてくるのだ。

本項では、誰もが感じる漠然とした不安や疑問をどのように考えて解決していけばよいのかについて、いくつかの考え方を提案したい。

不安は人それぞれ違う…

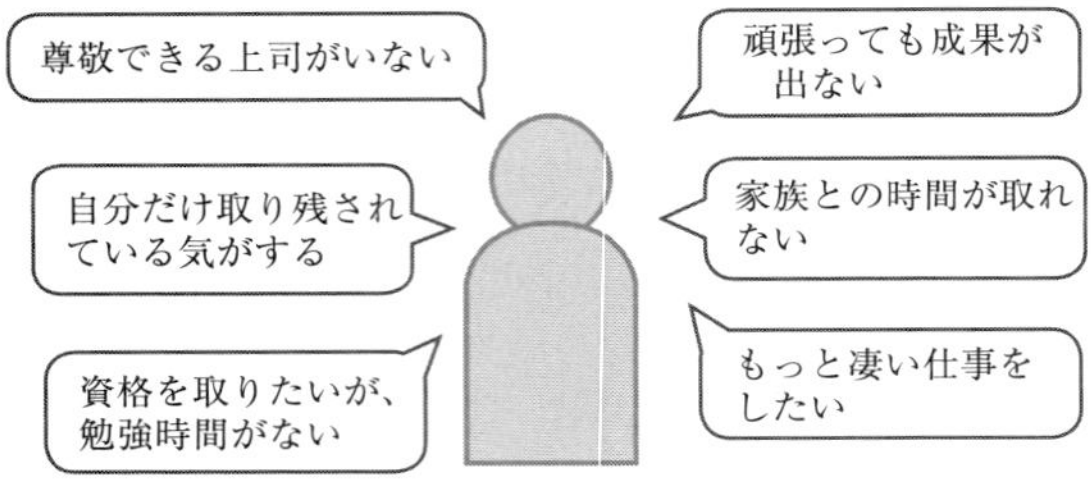
尊敬できる上司がいない
頑張っても成果が出ない
自分だけ取り残されている気がする
家族との時間が取れない
資格を取りたいが、勉強時間がない
もっと凄い仕事をしたい

■不安はバラバラに分解して原因を見つける

①いま現在、何が不安の種なのか、②キャリアゴールを考えたときに、何が不安の原因になるのか、そして③仕事とプライベートの両面から考えたとき、何が不安の源となるのかという、3つの視点で考えてみよう。

仕事に面白みを感じてない人は多い。①では「実績を上げられない」もしくは「実績は上げているが、仕事に面白みを感じない」という点が考えられる。前者は現在の力量への不安であり、トレーニングを積むなどで解決できる可能性が高いが、ふたつ目は少々ややこしい。いくら大きな仕事をしても、「もっとすごい仕事が……」と思ってしまう。このタイプは、何かしらのアクションが必要かもしれない。

脳みその使い方

①自らの不安のタイプを知る

自分は何に対して漠然とした不安を感じているのか、不安のタイプをバラバラに分解することで明らかにし、解決策を探る手立てとしなければならない。

②選択肢は少ない！　よって根拠が必要

将来的な不安から、転職や資格などを考える人が多いが、それが分解された不安の要因に対する答えと、結びついているか検討が必要。

③将来的なことまで考えよう

とはいえ、先にも述べたが選択肢は少ない。それを踏まえたうえで考えると、タイミングなどにも慎重になってしまうかも。

よってビジネスマンとしての将来のゴールについても考えることが不可欠。

④決断・アクション

いま決断すると、ふたつにひとつしか選ぶことができない。

「転職する」か「いまの会社に残る」かのどちらかだ。

不安は誰にでもある

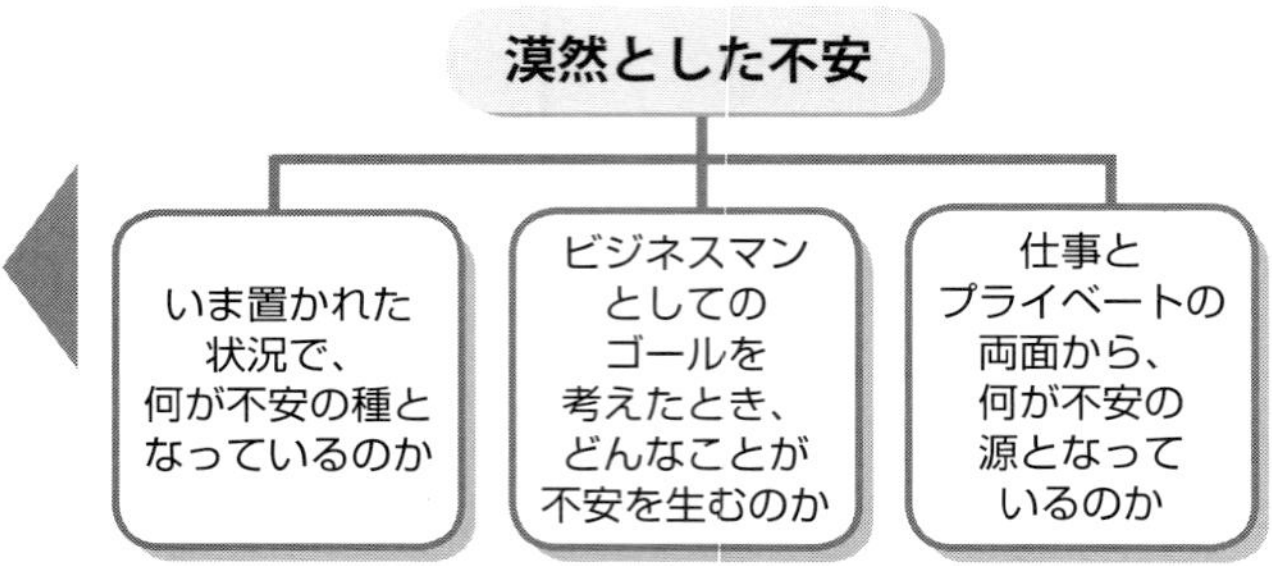
漠然とした不安
いま置かれた状況で、何が不安の種となっているのか
ビジネスマンとしてのゴールを考えたとき、どんなことが不安を生むのか
仕事とプライベートの両面から、何が不安の源となっているのか

MBA的発想

■具体的なアクションを考える

次に②についてみてみよう。仮にゴールを持っているなら、現状とゴールとのギャップが不安を生み出す原因になる可能性が高い。将来の理想像に近づくためには、今何が足りないのか、本当にそのゴールに到達できるのか。そう考えるだけで不安になったり、現状とのギャップに苦しむのが普通なのだ。また、今の会社に、自分が「こうなりたい」と思えるような対象がいないとしたら、抱える不安は根深いものになってしまうだろう。

では最後に、③について考えてみよう。も

Point

不安の原因は人によって異なる

・課長として結果は出しているが、仕事に面白みを感じない
・働いている業界の将来に対して、もはや魅力を感じない
・「こうなりたい」と思える人材が社内にいない
・家族との時間をとりたい
・もっと趣味の時間を確保したいのに、仕事が忙しすぎる

問題が把握できたら、次は具体的なアクションを考える

しも仕事と同じぐらい熱意を持って打ち込める趣味があり、仕事が忙しすぎて時間が取れないとしたら、「本当に仕事だけの人生でよいのだろうか」という不安を持って当然だ。また、家族と多くの楽しみを共有するために、もっと一緒にいる時間が欲しいと思っている方も多いだろう。

過ぎ去った時間は取り戻せない。プライベートな時間があってのビジネスマン人生だ。どちらかを犠牲にして他を優先する生き方は、短期的にはうまくいっても、きっと長期的には破綻する。あるいは、もう過去に戻れないぐらいまで年を

重ねたときに、どうにもならないほどの激しい後悔に苦しめられるかもしれない。

こうやって分解してみると、何が不安の原因なのかだんだんとクリアになる。とはいえ不安の根が分かったところで、まだ何ひとつ解決されたわけではない。また、原因がひとつの方、複数の方、いろいろなパターンがあるだろう。

では、具体的にどのようなアクションを起こせばよいのだろうか。

結論から言ってしまうと、起こせるアクションの選択肢はそれほど多くない。今の会社に残って能動的にアクションを起こすのか、それとも思い切って転職するのか、しかないのだ。

仮にいまの会社に残るのであれば、社内で別の部署に異動することで、より自分らしい付加価値がつけられたり、将来のゴールに近づくことができるのであれば、積極的にそうするべきだろう。もちろん我慢は美徳だという声があることは否定しないし、ある程度の我慢はサラリーマンとしては致し方ない部分はある。しかし、今の会社に残っていたとしても自分の不安を解消できる可能性がないことが明白ならば、思い切って転職する手もあるだろう。

Case Studyの解答

a ×　くだらない考えだと切り捨てて、仕事に没頭する

b ○　不安の要因をバラバラに分解して、何が本当の理由なのか明らかにする

c ×　今が潮時と結論を出し、転職活動を開始する

a何の理由もなく、「このままでよいのか」と不安になったりはしないもの。そこには必ず原因があるはずだ。

まずは、それを特定することが先決。

bこの本で、再三にわたって紹介してきた考える技を使って、不安の真因を見つけ出そう。それができたうえで、はじめて具体的なアクションを考えられるのだから。

c何の根拠もなく、「今が潮時」と結論を出すのは、脳みそを使っていないのと同じだ。いざというときには勢いも必要だが、その前に考えなければならないことがある。

大胆な転職には「ダウンサイド・リスクのヘッジ」が必要だ

転職を考えたいが、リスキーにはなれない。大胆に生きるとはどんなことなのか？

Case Study

いろいろと考え抜き、思い悩んだ結果、やはりここで新しい職場を見つけ、ビジネスパーソンとして飛躍したいという結論にたどり着いた。転職するにあたっては、ダウンサイド・リスクがあり、これをヘッジするのが不可欠。次の選択肢のうち、転職に伴うダウンサイド・リスクのヘッジとして適切なのはどれか？

a いざとなったら、それをネタに食べていける資格を取得する

b 一般的なビジネスパーソンが持っていない、希少性の高い経験を積んでおく

c オンライン・トレードで、コールオプションを買っておく

■一回きりの人生だ、大胆に生きよう

どのように、転職に伴うリスクを管理できるのか。キーワードは、「ダウンサイド・リスクのヘッジ」だ。ダウンサイド・リスクとは「結果が悪いほうに出たときに発生するリスク」。世の中は不確定要素に満ちている。何かの拍子で最悪の事態になってしまうことがある。そういったことを想定しておくことが必要なのだ。

さて、仮にあなたが転職した場合、どのようなダウンサイド・リスクが発生するのか。転職先の倒産、あるいは経営状態の悪化など。また、あなたが実績が出せないリスクだってある。仕事はなんだかんだいっても、ある程度運が味方してくれないと成功しない。タイミングの悪い転職の例は溢れている。転職してみたらその企業と合わなかったり、同僚や上司との相性が悪いというリスクだってあるだろう。

ならば、リスクは「ヘッジ」しておかなければならない。ヘッジとは、最悪の事態になったとき、被害を最小限にとどめるという考え方。つまり、保険を掛けておくようなものだ。最終項では、どのようにリスクをヘッジし、普段からどのようなことをすれば転職に伴うリスクを管理できるのか考えてみたい。

一回きりの人生…

■大胆になるためのダウンサイド・リスクヘッジ

転職にはさまざまなダウンサイド・リスクが伴う。一度きりの人生だからと言って、何もかもを投げ打って転職をすることが大胆な人生だとは思えない。リスクについてきちんと理解できるからこそ、思い切って、大胆な転職ができるのだ。

ところが、よくよく考えてみると、これは今の会社にとどまったとしても変わらないかもしれない。これまで安泰と思っていた今の会社が、ふとしたキッカケで倒産に追い込まれることだって十分にあり得るのだ。

同じ会社に勤め続けたとしてもさまざまなダウンサイド・リスクが発生する。転職しなければ安全という考え方は、考え直す必要があるだろう。

脳みその使い方

①自分はいったい、どうしたいのか？

人生の分岐点にいるかもしれないあなた。
軽い気持ちで会社を辞めたりするのは、いかがなものか。
本当に何がしたいのか、将来のことまで考えて行動しよう。

②自分の人生に保険をかける

転職する決意は固まっただろうか？

まだ固まっていないなら、それは「ダウンサイド・リスクヘッジ」がないから、なのかもしれない。

③普段からのちょっとした努力を

「ダウンサイド・リスクヘッジ」は、言い換えれば、優秀な自分になるための努力だ。
単に、リスク回避のためのものではない。

④人生は一度きり。大胆になれ！

後戻りできない人生だが、結局は思い切ってやるしかない。
「ダウンサイド・リスクヘッジ」を徹底して、思いっ切り羽ばたいていただきたい！

ダウンサイド・リスクとは

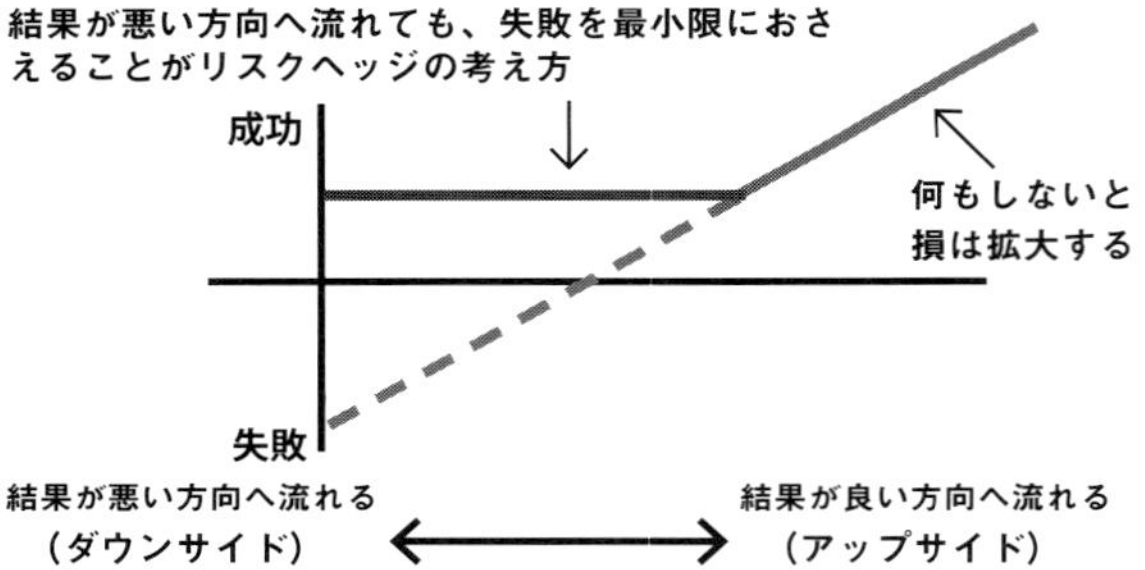
結果が悪い方向へ流れても、失敗を最小限におさえることがリスクヘッジの考え方
成功
何もしないと損は拡大する
失敗
結果が悪い方向へ流れる（ダウンサイド）
結果が良い方向へ流れる（アップサイド）

MBA的発想

■具体的なダウンサイド・リスクのヘッジ

読者の皆さんは、自分のビジネスマン人生について、普段どんなことを考えているのだろうか。また、ビジネスマン人生においてダウンサイド・リスクをヘッジするとは一体どのようなことなのだろうか。実は、ヘッジの方法はいくらでもある。普段からちょっとした努力をすることで、ダウンサイド・リスクをヘッジすることはできるのだ。

まずは、「専門性の高い資格でリスクをヘッジ」。具体的には、CPAや中小企業診断士、証券アナリストなど、ビジネスに直結し

Point

ダウンサイド・リスク

・今の会社が倒産してしまう
・転職先で十分な能力が発揮できない
など……

ヘッジ方法

・専門性の高い資格をとっておく
・希少性の高い経験を積んでおく
など……

大胆に生きるのは大切だが、一か八かのギャンブルにならないようにリスク管理を徹底しよう

やすい資格は、いざというときに役立つはずだ。いまの仕事をとおして資格取得のチャンスがあるのならば、ぜひとも挑戦すべきだし、仮にないとしても週末の1日を返上して勉強すれば、何かしらの資格を取るのはそれほど難しい話ではない。毎月の保険料のように、ヘッジのための投資をしようではないか。

また、「人並み外れた営業力や語学力」を有することもリスクヘッジになるだろう。ただしこの場合、履歴書や職務経歴書で、その能力があることをきちんと証明できる実績が必要だ。

あるいは、「日本で数人しかできない

ような高度な数量分析ができる」などの希少性の高い技術を持つことも、ダウンサイド・リスクヘッジになるだろう。

要するに、いざとなったときに、あなた自身が誰かに買ってもらえる商品になっておくことが大切だということ。そうすれば、転職する場合でも、今の会社に残る場合でも、最悪の事態に直面したときに、何らかの対処ができ、何とか食っていける道は見つけられるだろう。

大リーグに挑戦する日本人選手たちは、大きなリスクを冒して夢を追いかけているように見える。しかし、彼らは緻密にダウンサイド・リスクをヘッジしている。いざとなれば、彼らは日本のプロ野球でやっていけるのだ。

普段からのちょっとした努力を積み重ねることによってダウンサイド・リスクをヘッジしよう。それができれば、いざというときに大胆な転職ができる。一回きりの人生。失敗を恐れることなく、思いっきり飛び立とうではないか！

Case Studyの解答

a ○　いざとなったら、それをネタに食べていける資格を取得する

b ○　一般的なビジネスパーソンが持っていない、希少性の高い経験を積んでおく

c ×　オンライン・トレードで、コールオプションを買っておく

a 転職先で成功するとはかぎらない。最悪のときにそなえて、税理士や社労士、簿記といった資格を身につけておけば、仕事を見つけられる可能性は高まるものだ。

b 「会社を上場させた」、「潰れかかった会社を再生した」といった貴重な経験は、転職市場で武器になる。普段から希少性の高い仕事を好んでするというのもリスクヘッジのひとつ。もちろん、こういった業務が大変なのは覚悟する必要があるが……。

c ダウンサイド・リスクをヘッジする目的で設計されたのがコールオプションという金融商品なのだが、それを買っても個人の転職リスクがヘッジできないのは自明。

あとがき

本書の冒頭で、この本のメインメッセージを材料に問題を出していました。「MBAと課長がなぜ結びつくのか、次から正解を選んでください」といった内容でしたね。それでは早速、解答と解説に移りましょう。

(1)	×	企業派遣制度がある会社では、MBA取得が課長昇格試験の代わりになっていることが多く、必須資格になっているから

MBA取得が課長昇格試験の代わりになっているというケースは、聞いたことがありません。仮にそうだとしたら、課長という役職は、吃驚するぐらい狭き門になってしまいます……。

(2)	×	MBAのMは、マネジャー（管理職）のMだから

Mは Master。つまりは修士という意味です。残念ながら Manager の M ではありません。

(3) ○ MBAは、マネジャー（管理職）必要な知識や考え方を教える、プログラムになっているため

ちなみにBAはBusiness Administrationの略で、経営を管理するという意味があります。つまりは、管理職が身につけることを前提にプログラムが設計されているということです。それゆえ、実際には基本的な内容を幅広く学び、ケーススタディーやグループワークで課題を提出することも多く、チームとして実績を出すスキルを自然と学ぶことになります。

どうでしたか？　ちゃんと正解できましたでしょうか？

この本が全国の課長さんと課長予備軍の方々の、〝考える力〟を伸ばすキッカケになることを祈って、本書の結びの言葉としましょう。

【著者紹介】
斎藤広達（さいとう・こうたつ）

1968年東京生まれ。慶應義塾大学を卒業後、エッソ石油（現エクソンモービルマーケティング）に入社し、主にマーケティング関連の業務に従事。シカゴ大学経営大学院修士（MBA）取得後、ボストン・コンサルティング・グループ、シティバンク、ローランド・ベルガーを経て、現在はゴマ・ホールディングス取締役社長。
著書に、『図解コンサルティング力養成講座』『MBA的発想人』『MBA的仕事人』（パンローリング）、『ビジネス力養成講座』（飛鳥新社）『MBA的課長術』（幻冬舎）、『パクる技術』『失敗はなかったことにできる』（ゴマブックス）、『MBA的「無駄な仕事」をしない技術』（青春出版社）などがある。

2008年5月9日 初版第1刷発行

PanRolling Library⑮

図解《ずかい》MBA的《てき》発想《はっそう》人《じん》　課《か》長力《ちょうりょく》 養《よう》成《せい》講《こう》座《ざ》

著　者　斎藤広達
発行者　後藤康徳
発行所　パンローリング株式会社
〒160-0023　東京都新宿区西新宿7-9-18-6F
TEL 03-5386-7391　FAX 03-5386-7393
http://www.panrolling.com/
E-mail　info@panrolling.com
装　丁　パンローリング装丁室
印刷・製本　株式会社シナノ

ISBN 978-4-7759-3051-9

本書は、ゴマブックスより刊行された『図解MBA的発想人』を、文庫収録にあたり加筆、再編集および改題したものです